脳がぐんぐん育っ！

あやとり

失敗しても大丈夫！　のびのびあそぼう！

あやとりひも
2本つき

著・有木昭久
（日本児童遊戯研究所所長）

監修・奥山 力
（奥山こどもクリニック院長）

対象年齢：3歳以上

愛着形成や脳のネットワークを広げる遊び方

　脳のネットワークが、質的にも量的にも未熟な子ども達の脳は、ただ何かを取り組むだけで動き出すものではありません。まずは安心できる環境で、自分の視点で進められる自由度が、非常に大切になってくるのです。安心した体験の中で育てられている子どもは、ストレス反応を抑制することができるステロイド受容体がたくさんつくられるといわれています。また安心できる脳のネットワークが形成されることは、その子の愛着形成にも非常に重要なのです。

　子どもが安心できる取り組みをするためには、１対１で子どもの視点で取り組むことが何より重要です。みんな大好きではなく、１対１の時間が大切なのです。毎日ではなくてもよいのです。１週間に１度だけでも、いつもの遊びの中に１対１の特別な時間をつくってください。そして子どもの脳のネットワークを広げるには、全く無意味に見えても、本人の視点にのっとった形で進められることでより繋がりやすくなります。初めから上手に取り組むことはできないかもしれません。でも、できていないかもしれないその状態を一緒に楽しむことができるようになると、脳のネットワークが広がりやすくなり、繋がりやすくなるのです。

　さあ準備はできましたか？　子どもの脳のスイッチが入る状態をつくってから、指先を使った遊び〈あやとり〉を行うと、脳の色んな領域との連動が始まりますよ。

奥山こどもクリニック院長　奥山 力

脳をぐんぐん育てるポイント

見守って、自由にさせる

子どもが「自分だけを見てくれている」と感じられ、なおかつ、「〜してはダメ」などと否定されない環境は、子どもにとっての「安全基地」となり、安心感が育ちます。安心感が育つと、ガマンができるようになり、ストレスに対する耐性も上がります。

何かをしながらではなくしっかりと向き合って、でも、なるべく口や手はださずに、子どもが自分のペースで取り組むのを見守りましょう。

イライラ、かんしゃくは、はきだしてOK！

できなかったり、思ったようにいかなかったりするとイライラします。けれどもそれも、脳のネットワークの広がりのひとつです。それを止められたりガマンしたりすると、ネットワークの広がりが小さく貧弱になってしまいます。イライラしたりかんしゃくを起こしたり、投げ出してしまってもよいのです。

「失敗しても平気〜」のスタンスで

脳のネットワークを豊かにするのは、「上手にできる事」ではありません。できない事、一見意味がなかったりバカバカしかったりする事を通じて、脳のネットワークが広がっていきます。

そのためには「転ばぬ先の杖」としてのアドバイスや手助けは必要ありません。子どもの思う通りに、好きなようにさせておきましょう。

声かけは、成果よりも変化に対して

できなかった事ができるようになるのはもちろん大切ですが、イライラした状態から落ちつけたり、一度投げ出した事を、後日、気が向いてまた取り組み始めたりしたときこそ、褒める言葉をかけるチャンスです。成果物よりも変化や成長を、子ども自身が気づくきっかけになるはずです。

脳がぐんぐん育つ！ あやとり
もくじ

愛着形成や脳のネットワークを
広げる遊び方 ………………………………… 2

脳をぐんぐん育てるポイント …………………… 3

この本の見方 …………………………………… 6

じぶんだけのひものつくり方 ………………… 7

手と指の名前とマークの見方 ………………… 8

ひものとり方 …………………………………… 9

おぼえておきたい きほんの形 ……………… 10

1 はじめての あやとり

こくばん ……………………………………… 12

そり …………………………………………… 13

テレビ ………………………………………… 14

パラシュート ………………………………… 16

やぐら ………………………………………… 17

草の家 ………………………………………… 18

電車のまどから見えた富士山 ……………… 19

1だんばしご ………………………………… 20

かたつむり …………………………………… 22

2だんばしご ………………………………… 23

コーヒーカップ ……………………………… 24

カッコイイ矢 ………………………………… 25

あやとりひもであそぼう1
はなび ………………………………………… 26

2 ちょいムズ あやとり

キーホルダー ………………………………… 28

3だんばしご ………………………………… 30

大きな2ひきのカエル ……………………… 32

大きな魚 ……………………………………… 34

まんまるお月さま …………………………… 36

きらきら星 …………………………………… 37

4だんばしご ………………………………… 38

ベビーカー、東京タワー …………………… 40

カヌー、2ひきの金魚 ……………………… 41

あさがお ……………………………………… 42

花かご ………………………………………… 44

あやとりひもであそぼう2
なにに見えるかな? ………………………… 46

3 チャレンジ あやとり

いなずま ……………………………………… 48

くものす ……………………………………… 50

ひと山ふた山 ………………………………… 52

三つあみの女の子 …………………………… 54

クリスマスツリー …………………………… 56

あやとりひもであそぼう3
もってひとこと ……………………………… 58

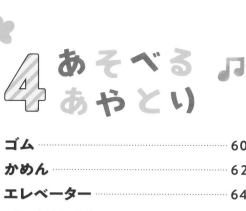

4 あそべる あやとり

ゴム ……………………………… 60
かめん ……………………………… 62
エレベーター ……………………… 64
びっくりほうき …………………… 65
はたおり …………………………… 66
うなぎ ……………………………… 68

あやとりひもであそぼう 4
うたってあそぼう ………………… 70

5 マジック あやとり

へび ………………………………… 72
わがつながるよ …………………… 73
中指ぬき …………………………… 74
手じょう …………………………… 75
ひもうつし ………………………… 76
うらない …………………………… 77
指ぬき ……………………………… 78
8の字 ……………………………… 79
こびとのきえるまほう …………… 80

あやとりひもであそぼう 5
おんなじおんなじ ………………… 82

6 わゴム あやとり

わゴムのたつまき ………………… 84
わゴムうつし ……………………… 85
おちるわゴム ……………………… 86

わゴムのカエル …………………… 87
ロケット …………………………… 88
にじゅう星 ………………………… 90

あやとりひもであそぼう 6
とばしてあそぼう ………………… 92

7 へんしん あやとり

かに➡キャンディー➡
おさげの女の子 …………………… 94
とりい➡ほうき➡やぶのなかの小屋➡
はさみ➡ちょうちょ➡でんせん …… 96
ブランコ➡糸まき➡とんぼ ……… 100
いつつのダイヤ➡くり➡
すべり台➡カメ➡まど➡ゴム➡
ひこうき➡かぶと➡うらない …… 102
天しゅかく➡ちょうちょ➡富士山➡
富士山に月➡きくの花 …………… 106

あやとりひもであそぼう 7
おはなしなんだろう ……………… 110

8 みんなで あやとり

のこぎり ………………………… 112
もちつき ………………………… 113
むげんにあそべるあやとり ……… 114
ぶんぶくちゃがま ………………… 115
二重あやとり ……………………… 120
2本ふたりあやとり ……………… 122
かわとり …………………………… 124

あとがき ………………………… 127

この本の見方

それぞれのページに、そのあやとりの特徴がしめしてあります。
おもしろそうだと思うあやとりからとりくんでみましょう。

章わけ

あやとりの難しさやたのしみ方でわけた章のタイトルをしめしています。

テーマ

できあがる形によって、「どうぐ」、「いきもの」、「たてもの」、「のりもの」、「しぜん」、「あそび」、「てじな」の7つのテーマにわかれています。

あそぶ人数

何人でたのしむあやとりかをしめしています。

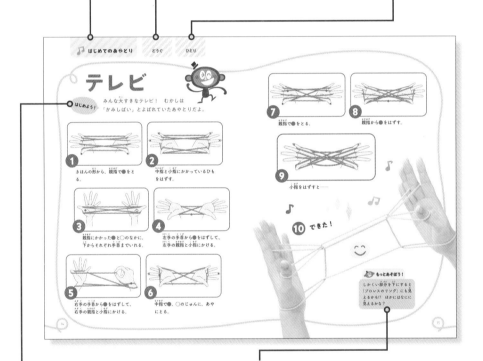

はじめよう！

そのあやとりの簡単な説明や、家族や友だちなど一緒にあそぶ人との会話のきっかけになる豆知識です。

もっとあそぼう！

そのあやとりをさらにたのしんだり別のあそび方をするためのヒントがしめされています。

どのページからはじめてもいいんだよ！

じぶんだけのひものつくり方

おうちにあるひもをつかって、じぶんだけの
あやとりひもをつくることもできます。

おすすめのひもの長さと種類

100センチから160センチくらい
の、毛糸やアクリルひも、麻の糸
や木綿のあみひもなど。

この本についている
あやとりひもは
138センチと
160センチ！

ひものむすび方

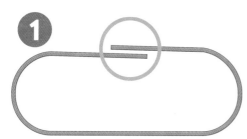

ひものはしとはしをかさねる。

片方のひもでやじるしのように
わをつくる。

このとき、もう片方のひもがわ
のなかにあるように。

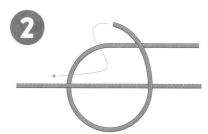

もう片方のひもで、やじるしの
ようにわをつくる。

りょう方のひもをむすんで、
左右にひっぱる。

できた！

むすび目がくっついたら、
あまったひもを切る。

手と指の名前とマークの見方

この本では、下のような手や指のよび方とマークで、あやとりのつくり方を説明します。

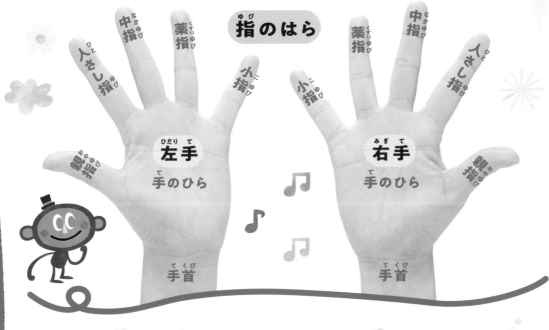

指のはら

中指　薬指
人さし指　小指
親指
左手
手のひら

薬指　中指
小指　人さし指
親指
右手
手のひら

手首　手首

指のせ

左手
手のこう

右手
手のこう

マークの意味

●○　指や手で、そのひもをとったり、なかにいれるしるし

✕　その指のひもをはずすしるし

●○　その指でひもをとるしるし

──→　やじるしの方向に指・手・ひもをうごかすしるし

ひものとり方

この本では、下のような言葉でひもや指のうごかし方を説明します。

「ひもをとる」

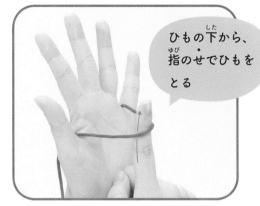

ひもの下から、指のせでひもをとる

「ひもを上からとる」

ひもの上から、指のはらでひもをとる

「ひもをはずす」

親指からひもをはずす場合

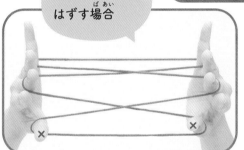

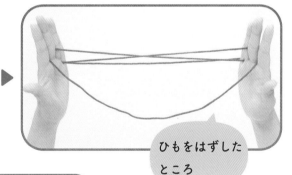

ひもをはずしたところ

「指をいれる」

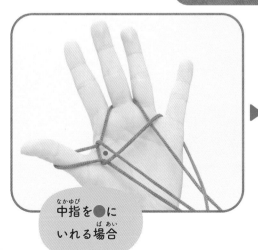

中指を●にいれる場合

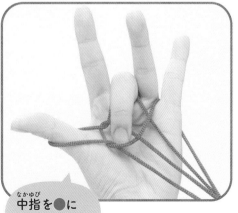

中指を●にいれたところ

おぼえておきたい
きほんの形

この本でしょうかいしているあやとりの多くは、
この「きほんの形」からはじまります。

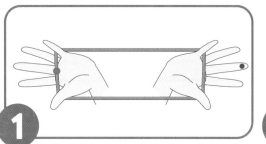

1 りょう手の親指と小指にひもをかけ、右手の中指で●をとる。

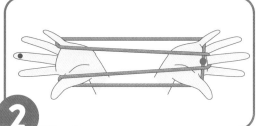

2 左手の中指で●をとる。

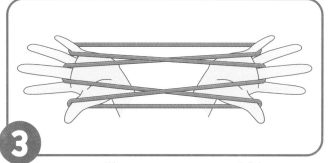

3 「きほんの形」のできあがり。手順①と②のように、まず右手の中指で、つぎに左手の中指でひもをとることを「あやにとる」という。

もっとあそぼう！

手順①と②のとき、中指でなく人さし指でとると「がいこくの形」になるよ！ 22ページの「かたつむり」や34ページの「大きな魚」をつくるときにつかってみよう！

「きほんの形」と「あやにとる」は、おぼえておくと、すごーくべんり！

1
はじめて
の
あやとり

「こくばん」や「テレビ」、「はしご」に「かたつむり」！
はじめての人にもぴったりのあやとりをあつめたよ。
失敗してもだいじょうぶ！
どんどん指をうごかして、1本のあやとりひもが
形をかえていくのをたのしんじゃおう。
とびきりおかしな形ができたら、
それになまえをつけてみて！

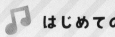
こくばん

はじめよう！ 学校（がっこう）によくあるこくばん。形（かたち）はカンタンだけど、手のうごかし方（かた）にちょっとコツがいるよ！

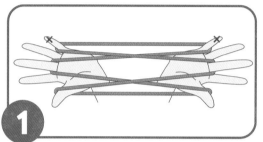

1　きほんの形（かたち）から小指（こゆび）をはずす。

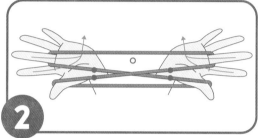

2　りょう手（て）の親指（おやゆび）で●の2本（ほん）をまとめておさえながら、○のくうかんにりょう手の中指（なかゆび）と人（ひと）さし指（ゆび）をくぐらせる。

3　また手（て）をひろげると──

できた！

○月×日
A
B
C

そり

はじめよう！

雪の日にたのしくあそぶそりだって、
あやとりひも１本とキミの想像力でつくれちゃうよ！

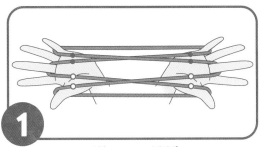

①

きほんの形から、親指で○の２
本のひもをおさえ、小指で●の
２本のひもをおさえる。

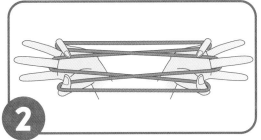

②

おさえたひもをはなさないよう
に、親指と小指にちからをいれ
て下にさげる。

③ できた！

テレビ

はじめよう！ みんな大すきなテレビ！　むかしは
「かみしばい」とよばれていたあやとりだよ。

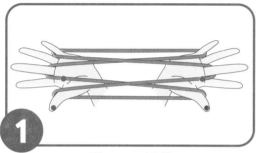

1 きほんの形から、親指で●をとる。

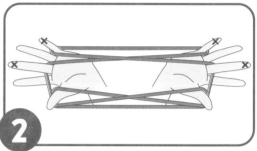

2 中指と小指にかかっているひもをはずす。

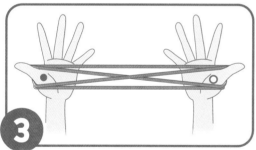

3 親指にかかった●と○のなかに、下からそれぞれ手首までいれる。

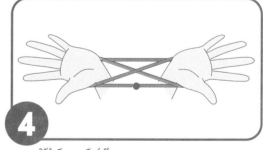

4 左手の手首から●をはずして、左手の親指と小指にかける。

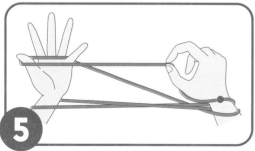

5 右手の手首から●をはずして、右手の親指と小指にかける。

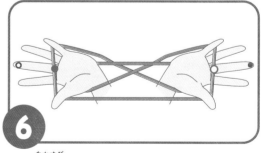

6 中指で●、○のじゅんに、あやにとる。

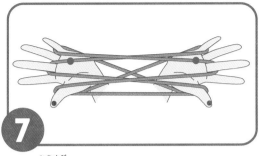

7 親指で●をとる。

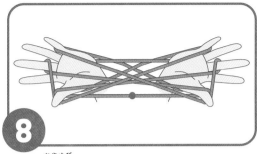

8 親指から●をはずす。

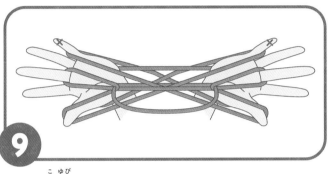

9 小指をはずすと──

10 できた！

🐵 もっとあそぼう！

しかくい部分を下にすると「プロレスのリング」にも見えるかも!? ほかにはなにに見えるかな？

パラシュート

はじめよう!

片方の手に形をつくるあやとりだよ。
「まつば」というなまえでもよばれているんだ。

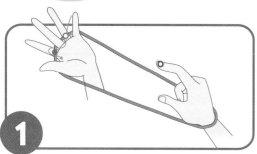

1 右手の手首と左手の親指・中指・小指にひもをかけ、右手の人さし指で○と●をやじるしのようにひっかけてとる。

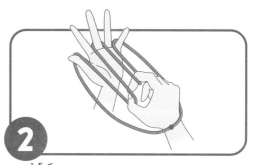

2 右手でとったひもをひっぱると、●はしぜんに手首からはずれて左手のほうにいく。

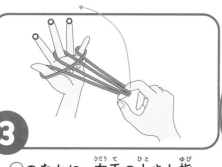

3 ○のなかに、左手の人さし指・中指・薬指をじゅんにいれる。右手のひもを上から左手の手のこうのほうにまわす。

4 右手の人さし指で○と●をやじるしのうにひっかけて、下にひっぱると——

5 できた!

16

やぐら

はじめよう！

4本のはしらで地面にたつ「やぐら」を見たことあるかな？　おまつりのときにさがしてみてね。

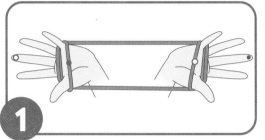

1 りょう手の親指と小指にひもをにじゅうにまわしてから、中指で●と○をあやにとる。

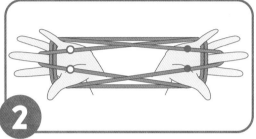

2 右手の親指・小指で●を、左手の親指・小指で○を、上からおさえる。

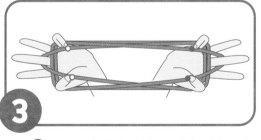

3 ②でおさえたひもを、それぞれ上からとるように指をさげていくと——

4 できた！

草の家
（くさのいえ）

はじめよう！

アフリカにつたわる立体的（りったいてき）なあやとりだよ。
りっぱな草の家（くさのいえ）ができるよう、じっくりとりくんでね！

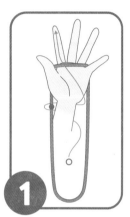

1

図（ず）のように左手（ひだりて）にひもをかけ、右手（みぎて）を、○のなかに上（うえ）からいれて、やじるしのように手首（てくび）のうしろから●をとって左手（ひだりて）の人（ひと）さし指（ゆび）にかける。

2

右手（みぎて）で●をもって、左手（ひだりて）の親指（おやゆび）にかける。

3

右手（みぎて）で、左手（ひだりて）のこうにあるひもを手のひらのほうへまわしてくる。

もっとあそぼう！

できた草の家（くさのいえ）をさかさにしたら、ほかのものに見（み）えるかもしれないよ。

4

❸でまわしてきたひもをもったまま、右手（みぎて）の人（ひと）さし指（ゆび）で左手（ひだりて）の●と○をひっかけて、いっしょにすこしずつひっぱっていく。

5

右手（みぎて）の人（ひと）さし指（ゆび）をはなすと──

できた！

電車のまどから見えた富士山

はじめよう！

指のうごきと手のうごきで、パッと富士山があらわれるよ！

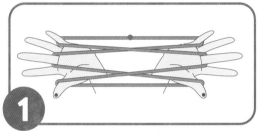

1 きほんの形から親指で●をとる。

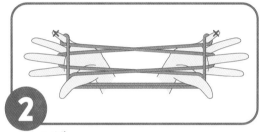

2 小指をはずす。

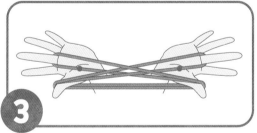

3 親指で●をおさえる。

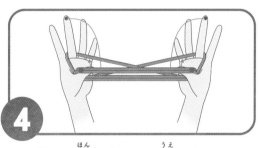

4 ●の２本をまとめて上からとるように、中指をやじるしのようにひっかけて──

6 できた！

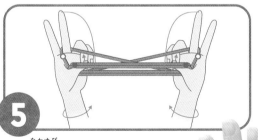

5 中指で●をとるのとどうじに手のひらをむこうがわにむけると、○はしぜんに指からはずれて──

1だんばしご

はじめよう！ はしごあやとりのだい1だん！　そういえば、
1だんのはしごってほんとうにあるのかな？

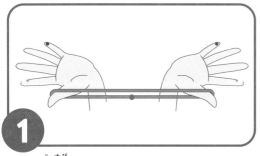

1 小指で●をとる。

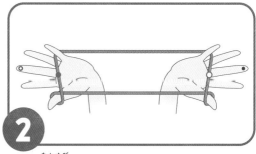

2 中指で●と○をあやにとる。

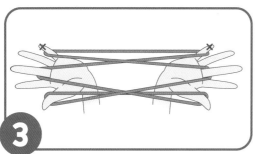

3 小指をはずす。

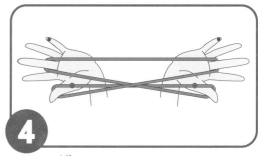

4 小指で●をとる。

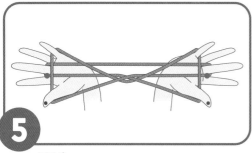

5 親指で●をとる（とるときは、
はんたいの手でつまんでとる）。

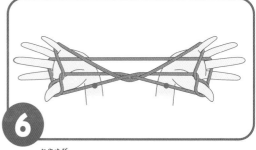

6 親指から●をはずす。

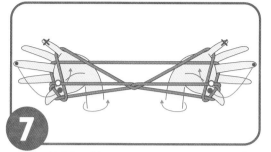

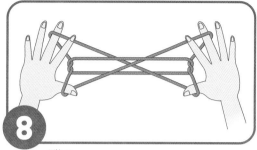

中指を上から●にいれて、小指のひもをそっとはずす。中指で○を上からとるように手のひらをむこうがわにむける。

左手だけをじぶんのほうにひねると──

9 できた！

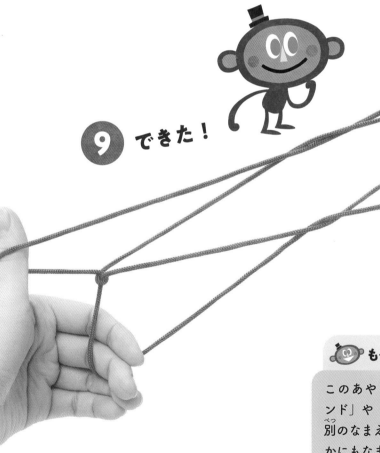

もっとあそぼう！

このあやとりは、「ダイヤモンド」や「ひしがた」という別のなまえもあるんだよ。ほかにもなまえをかんがえてみよう！

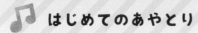

かたつむり

はじめよう！ ひもをぐるぐるまわしてつくるあやとりだよ。「でんでんむしむし、かたつむり」とうたいながらつくってみよう！

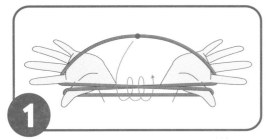

1 10ページの「がいこくの形」から小指をそっとはずして、●をやじるしのように、なん回かまきつける。

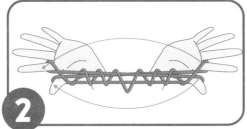

2 右手の人さし指のひもを左手の人さし指に、右手の親指のひもを左手の親指に、それぞれうつしかえる。

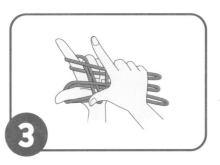

3 人さし指にかかっているひもを2本とも右手でつまんでとり、左右の手をゆっくりひろげていくと——

4 できた！

2だんばしご

はじめよう！

「1だんばしご」とは、つくり方がちょっとちがうよ！
どこがちがうのか、わかるかな？

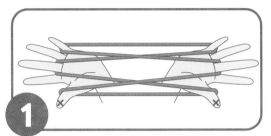

1 きほんの形から親指をはずす。

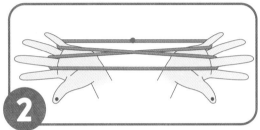

2 親指で●をとる。

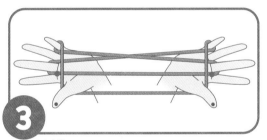

3 親指で●をとる。

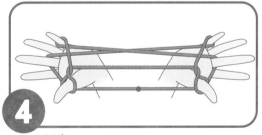

4 親指から●をはずす。

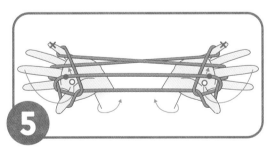

5

中指を上から○にいれ、小指のひもをはずす。中指で●をとるように手のひらをむこうがわにむけ、中指をぴんとのばすと——

6 できた！

コーヒーカップ

はじめよう！
できあがった「コーヒーカップ」をさかさにすると、
ほかのものが見えてくるよ！

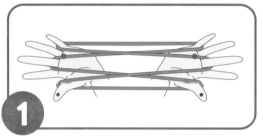

1 きほんの形から親指で●をとる。

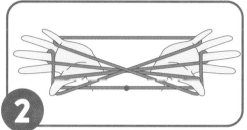

2 親指の●をはずす。

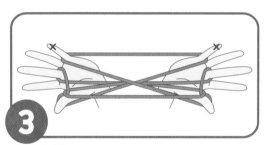

3 小指をはずす。

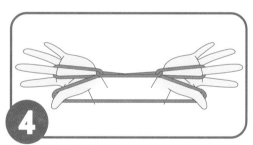

4 親指を上にあげると──

5 できた！

🐵 **もっとあそぼう！**

むかしは「さかずき」や「とのさまのか
ご」とよばれていたよ！　さかさになっ
た**4**のとき、キミには何に見えるかな？

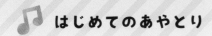
カッコイイ矢

はじめよう！

手をたたいたしゅんかんに、手のなかに
矢があらわれる、まほうみたいなあやとりだよ！

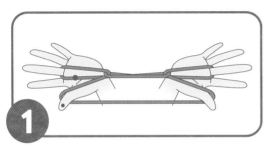

1 24ページの「コーヒーカップ」
の**4**から、左手の親指で●をと
る。

2 左手の親指から●をはずす。

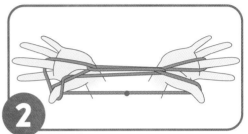

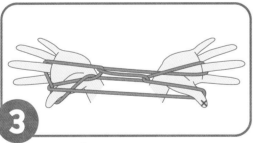

3 りょう手をパチンとあわせて、
そのしゅんかんに右手の親指の
ひもをはずす。

4 また手を
ひろげると──

できた！

はなび

夜空にさくきれいなはなび。ドーン、ドーンと、おうちであやとりひものはなびを高くうちあげよう！

1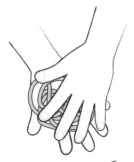

あやとりのひもをりょう手でまるめる。

2

できたら、右手で上になげあげて、左手でとる。これを左右こうごにくりかえす。ふたつつくると、おてだまもできる。

3 さあ、いよいよ
はなびの本番！

右手で上になげる。そのあいだに1回拍手をして、おちてきたひもをとる。みんなでいっしょにやるととてもきれいだよ。

ひもはかたくまるめよう。立っておもいきりなげて、地面すれすれでキャッチすると、たくさん拍手できるよ。

はなびがあがっているあいだに、なん回拍手ができるかな？　みんなできょうそうしよう。

初きゅう（1〜3回）
中きゅう（4〜6回）
上きゅう（7〜9回）
マスター（10回以上）

2

ちょいムズ
あやとり

なれてきたら、ちょっとむずかしい
あやとりもやってみない？
「4だんばしご」をいろいろな形にへんしんさせたり、
ひもで「まんまるお月さま」を
つくってみたりしているうちに、
じぶんだけのあやとりをおもいつくかもしれないよ？

キーホルダー

はじめよう！ キーホルダーにたくさんのカギ！　あんまりたくさんあると、いそいでいるときにこまるけどね。

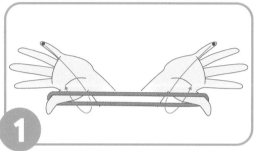

1 小指で親指の2本をまとめてとる。

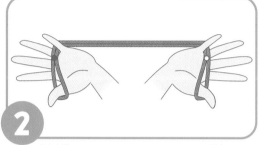

2 中指で●と○をそれぞれ2本まとめてあやにとる。

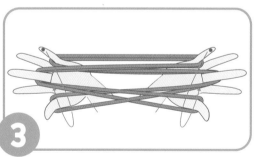

3 小指で親指の2本をまとめてとる。

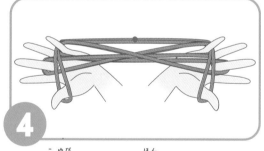

4 小指から●の2本をまとめてはずす。

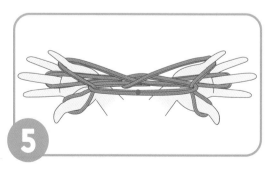

5

●の2本をまとめて口にくわえ、ひっぱると——

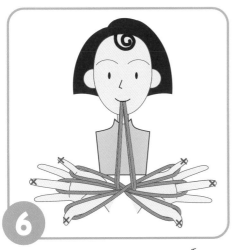

6 ひっぱられて、りょう手がちかづく。その形をくずさないように、すべての指をしずかにはずす。

7 できた！

もっとあそぼう！

「とんでいけ！」ととなえながら、キーホルダーをさっとふると——カギがぜんぶきえてしまうよ！

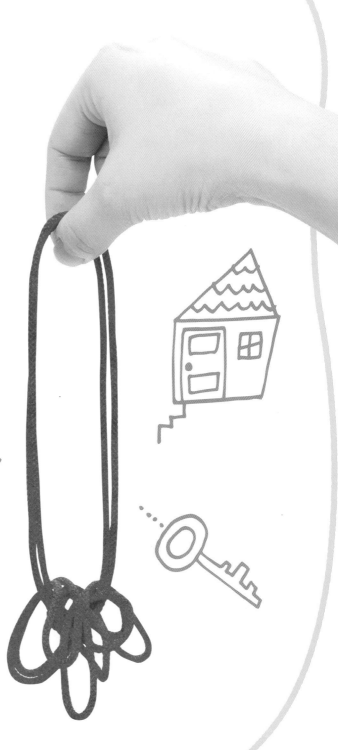

3だんばしご

はじめよう！ はしごシリーズだい3だん！　「三_みつあみ」、「3つの
ダイヤ」ともいうよ！

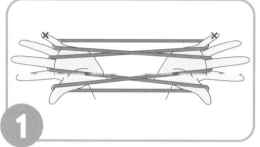

1 きほんの形_{かたち}から小指_{こゆび}をはずす。

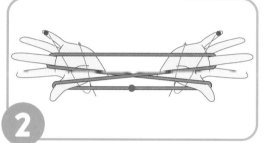

2 小指_{こゆび}のせで、ほかのひもの下_{した}か
ら●をとる（ひもの上下_{じょうげ}に気_きを
つけて！）。

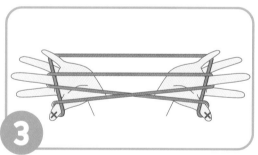

3 親指_{おやゆび}をはずす。

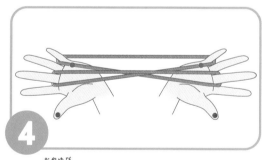

4 親指_{おやゆび}で●をとる。

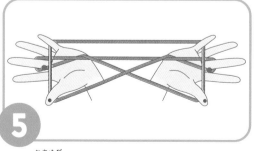

5 親指_{おやゆび}で●をとる。

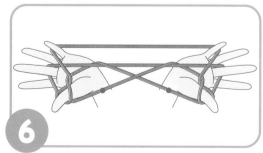

6 親指_{おやゆび}から●をはずす。

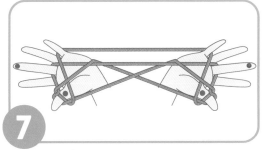

7 中指を、上から●のなかにいれる。

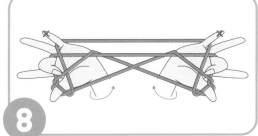

8 小指をはずしながら、手のひらをむこうがわにむけて指をぴんとのばし──

9 左手をじぶんのほうにひねると──

できた！

🐵 **もっとあそぼう！**

さいごに左手をひねらないつくり方もあるんだって。どうするのか、やり方を推理してみよう！

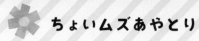
大きな2ひきのカエル

<small>おお　　　　　　　おお</small>

はじめよう！

カエルがふたつのやり方でつくれるよ！
どんなちがいがあるかな？

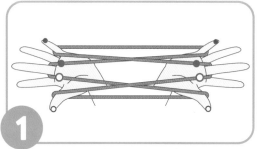

1 きほんの形から、小指で●をとり、親指で○をとる。

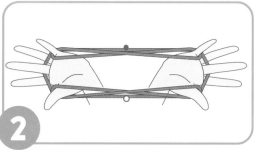

2 小指の●と、親指の○をはずす。

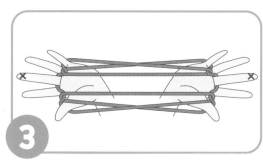

3 中指をはずす。

4 体の大きいカエルができた！

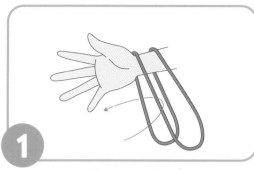

1 ひもを右手の手首に図のようにかける。左手をやじるしのようにとおして手首にかける。

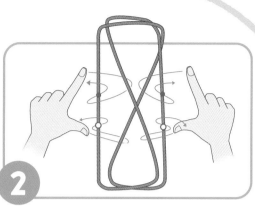

2 手首からはずしてタテにおき、親指と人さし指でやじるしのように○と●をとる。

3 口の大きいカエルができた！

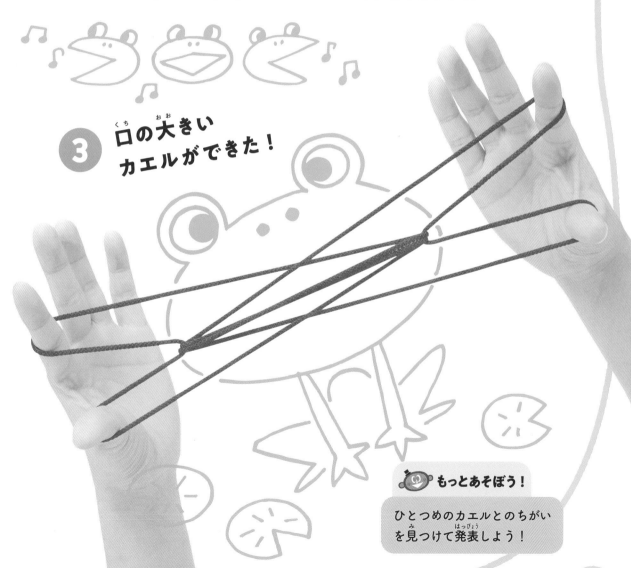

🐵 もっとあそぼう！

ひとつめのカエルとのちがいを見つけて発表しよう！

大きな魚

はじめよう！ ハワイからつたわったあやとりだよ！　ハワイには
こんな大きな魚がたくさんいるのかな？

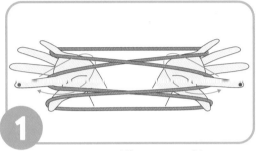

1

「がいこくの形」から、人さし
指をやじるしのようにうごかし
てひもをとる。人さし指のひも
は、しぜんにはずれる。

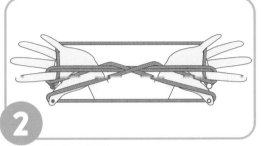

2

親指で小指につながっている●
と○をとる。

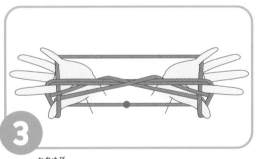

3

親指から●をはずす。

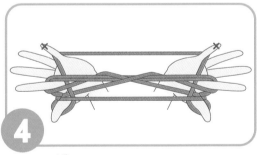

4

小指をはずす。

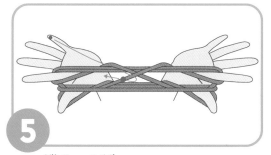

5 左手の小指で、やじるしのように●をひっかけておさえる。

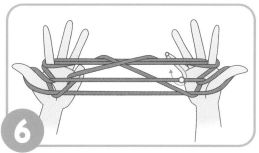

6 右手の小指で、やじるしのように○をひっかけておさえる。

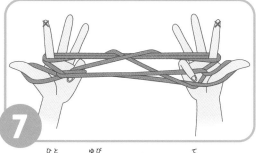

7 人さし指をはずして、手をひろげると──

8 できた！

もっとあそぼう！

ながいひもでつくると、魚はもっと大きくなるよ。どこまで大きくできるかな？

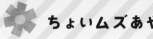
まんまるお月さま

はじめよう！

しずかな夜にお月さまがでてくるよ。やさしく
ゆっくり手をうごかすと、月がきれいに見えてくる！

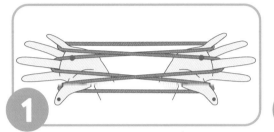

1 きほんの形から、親指で●をとる。

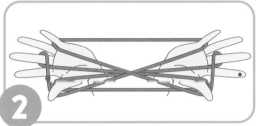

2 右手の人さし指で●をとる。

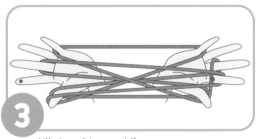

3 左手の人さし指で●をとる。

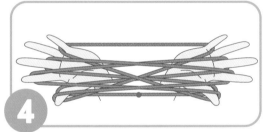

4 親指の●をはずす。

6 できた！

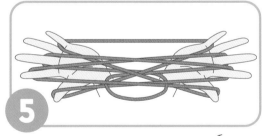

5 うでをのばすようにりょう手を
むこうがわにむけて、すこしず
つ手をひろげていくと——

きらきら星

はじめよう！ 夜空を見あげると、きらきら星が見える。
星ってぜんぶでいったいどれぐらいあるのかな？

1 きほんの形から、親指のせでやじるしのように●をとる（ひもの上下に気をつけて！）。

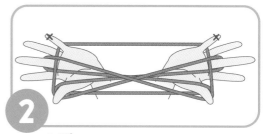

2 小指をはずす。

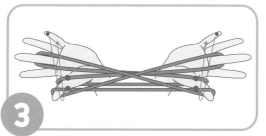

3 小指で、やじるしのように●を2本まとめてとる。

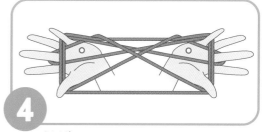

4 中指をまげて○のなかにいれる。

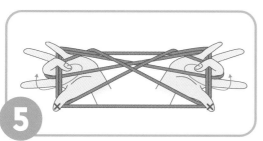

5 親指をはずしながら、中指をやじるしのようにうごかしてぴんとのばす。

6 手をひろげると——

できた！

37

4だんばしご

はじめよう！ 「はしご」といえば4だんばしご、というほど大人気！
「4つのダイヤ」「めがね橋」「石がき」などともよばれるよ。

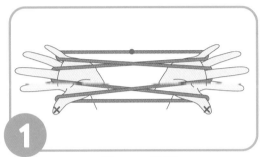

1 きほんの形から親指をはずし、
親指のせで●を下からとる。

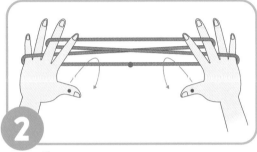

2 手のひらをむこうがわにむける
と、とてもカンタンにとれる。

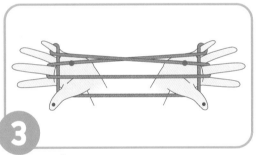

3 親指で●をとる。

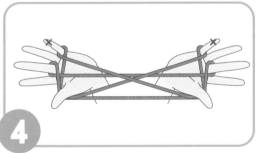

4 小指をはずす。

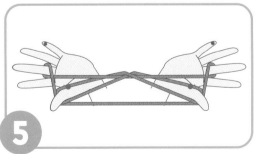

5 小指で●をとる。

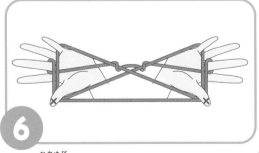

6 親指をはずす。

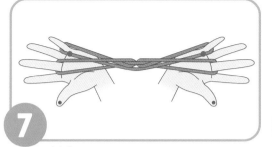

7 親指で●をとる。

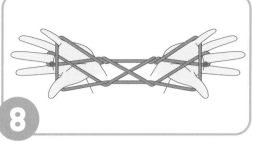

8 親指に●をかける。

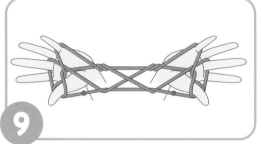

9 親指から●をはずす。

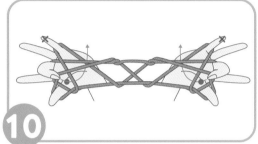

10 中指を●にいれて小指をはずし、中指をやじるしのようにうごかしながら──

🐵 **もっとあそぼう！**

7〜**10**のうごきを、「はしごてんかい」というんだ。つぎのページでは4だんばしごがへんしんするよ！

11 手のひらをむこうがわにむければ──

できた！

ベビーカー、東京タワー

はじめよう！ ４だんばしごが、あかちゃんののるベビーカーや東京タワーにへんしんするよ。

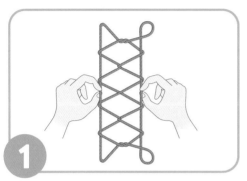

1 ４だんばしごをタテにしていちど手からはずし、りょう手でまんなかをそっとつまみあげると──

2 できた！

1 ４だんばしごをタテにして、片方の親指と中指をとじると──

2 できた！

カヌー、2ひきの金魚（きんぎょ）

はじめよう！

ふたりでつくるカヌー。さむい国（くに）のイヌイットもあついポリネシアの人（ひと）でも、おなじあやとりをするんだって。

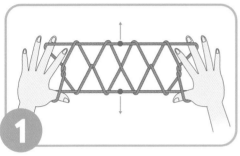

① 4だんばしごのまんなかの●のぶぶんを、ほかの人に上（うえ）と下（した）にひっぱってもらう。

② できた！

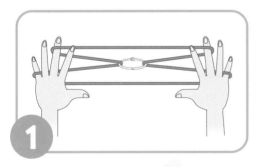

①

とめはずしができるリングで、図（ず）のような形（かたち）をつくる。つくれたら、38ページの**②**の手順（てじゅん）から「4だんばしご」をつくっていく。

② さいごにリングをはずすと──
できた！

あさがお

はじめよう！ じぶんでひもをえらんであやとりひもをつくれば、すきな色のあさがおをさかせることができるよ！

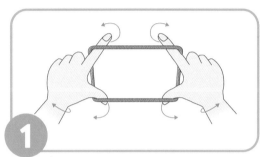

1 図のように親指と人さし指にひもをかけて、ひもを指にからめるように手のひらをかえす。

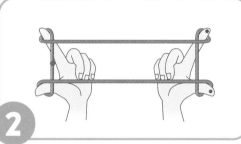

2 右手の親指と人さし指で●をつまんで、いちどねじってから右手の親指と人さし指にかける。

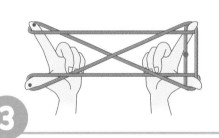

3 左手の親指と人さし指で●をつまんで、**2**とおなじようにいちどねじってから左手の親指と人さし指にかける。

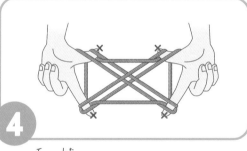

4 手を下にむけて、うらがえすようにして台の上におき、形がくずれないようにしずかに指をはずす。

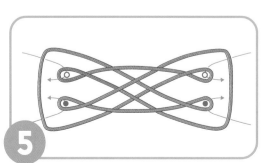

5

●のなかに親指を、○のなかに人さし指を、それぞれ下からいれてとる。

6

まんなかの、4本のひもがまじわっている○を口でくわえる。親指と人さし指をつけて、手前からむこうへと、やじるしのようにおしひらきながらだす。

7 できた！

🐧 **もっとあそぼう！**

くわえた口をそっとはなし、7の●を口でくわえなおしてゆっくり手をひろげていくと「おひなさま」ができるよ！

花かご

はじめよう！

「あさがお」ができたら、それをいれるかごも
つくってみて！　毛糸でつくると、かわいくなるよ！

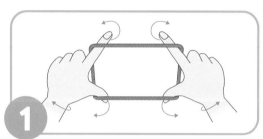

① 図のように親指と人さし指をひ
もにかけて、ひもを指にからめ
るように手のひらをかえす。

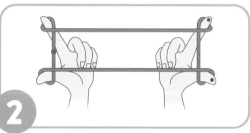

② 右手の親指と人さし指で●をつ
まんで、いちどねじってから右
手の親指と人さし指にかける。

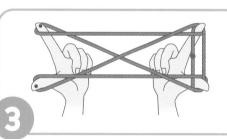

③ 左手の親指と人さし指で●をつ
まんで、②とおなじようにいち
どねじってから左手の親指と人
さし指にかける。

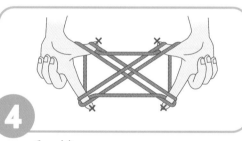

④ 手を下にむけて、うらがえすよ
うにして台の上におき、形がく
ずれないようにしずかに指をは
ずす。

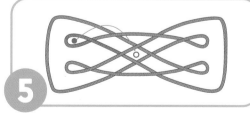

⑤ やじるしのようにひもをおりた
たんで、●のわがまんなかの○
にかさなるようにおく。

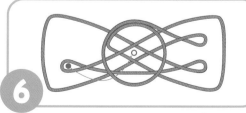

⑥ ⑤とおなじように、●のわがま
んなかの○にかさなるように、
ひもをおりたたむ。

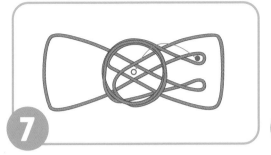

7 おなじように、ひもをおりたたむ。

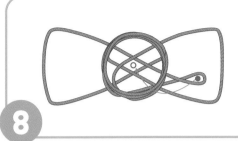

8 おなじように、のこったひもも
おりたたむ。

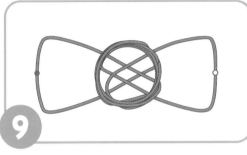

9 ●と○をもって、ゆっくりもちあ
げる。

 **できた！**

🐵 もっとあそぼう！

できあがった花かごに、お花
をちょこんとのせると、すご
くひきたつよ。形をくずさず
にのせられるかな？

なにに見えるかな?

ゆかになげたあやとりひもは、1回1回ちがう形になるよね。できた形がなにに見えるかイメージしよう!

1

はじめはひとりで、れんしゅうしよう。あやとりひもをりょう手で上にもって、なげるようにおとす。どんな形ができたかな? 見るむきによって、ちがったものが見えてくるよ。

2

ふたりでどうじにひもをおとして、あいての形がなにに見えるか、いいあおう。はやくいえたほうが勝ち? にているものをいえたほうが勝ち? ルールはいろいろ!

「あやとり、かけとり、なにつくろう」とみんなで口ずさみながら、いろんな形をつくってみよう!

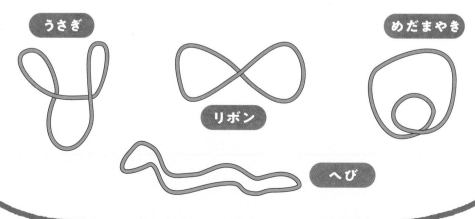

うさぎ
めだまやき
リボン
へび

3

チャレンジ
あやとり

もっとむずかしいあやとりに
チャレンジしてみたい人、だーれだ？
ピカピカ、ゴロゴロ、ちょっとこわい「いなずま」や
みんなできょうりょくしてつくる「クリスマスツリー」！
どこがむずかしいか、かいせつしながら
ちょうせんしてもいいね！

いなずま

はじめよう！ アメリカ先住民族の人たちにつたわるあやとりだよ。
迫力まんてんの、りっぱなけしきが見えてこない？

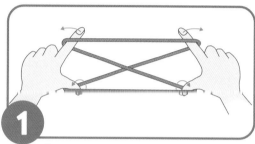

1 図のように、8の字の形にした
ひもに親指と人さし指をかけ、
手のひらをかえす。

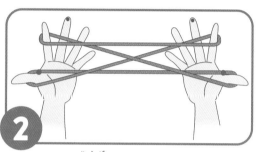

2 ひもの上下をかくにんしたら、
中指で●をとる。

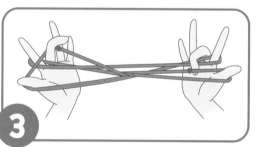

3 左手はとりおわって、右手はとろ
うとしている、とちゅうの図。

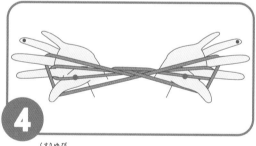

4 薬指で●をとる。

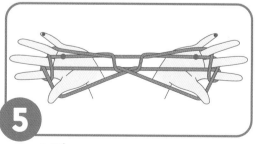

5 小指で●をとる。

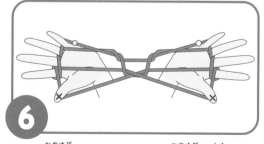

6 親指をはずし，その親指を下か
ら小指のくうかんにいれて◯を
おしさげると──

7 いなずまができた！

ここから親指をはずして、人さし指と中指のあいだをとおっている2本をまとめてとると――

ピカピカッ
ゴロゴロ

8 山がでてきた！

ここから親指をはずして❻のように小指のくうかんをおしさげると、❼にもどる。

もっとあそぼう！

❼❽をくりかえすと、山にいなずまがピカピカゴロゴロ！

49

くものす

はじめよう！ 友だちに手つだってもらう、とってもめずらしいあやとりだよ。まるであみものをしているみたい！

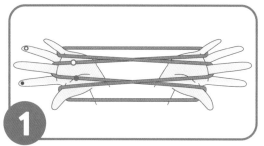

1 きほんの形から、ひとりが左手の人さし指で●を、薬指で○をとる。

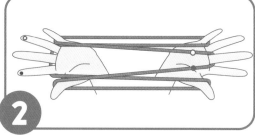

2 左手の人さし指で●を、薬指で○をとる。

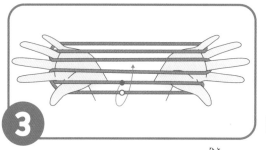

3 ここからは、もうひとりの人がとる。●のひもを下からとり、やじるしのように○のひもにまきつけて、ひきあげる。

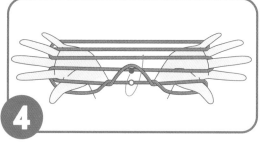

4 ❸でとったひもをそっとはなし、おなじように●のひもを○にまきつけてひきあげる。これを、小指のひもまでくりかえす。

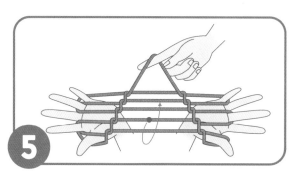

5 いちばん小指がわのひもまでとったら、片手でそのひもをもっておく。もう片方の手で、●のひもをおなじようにとっていく。

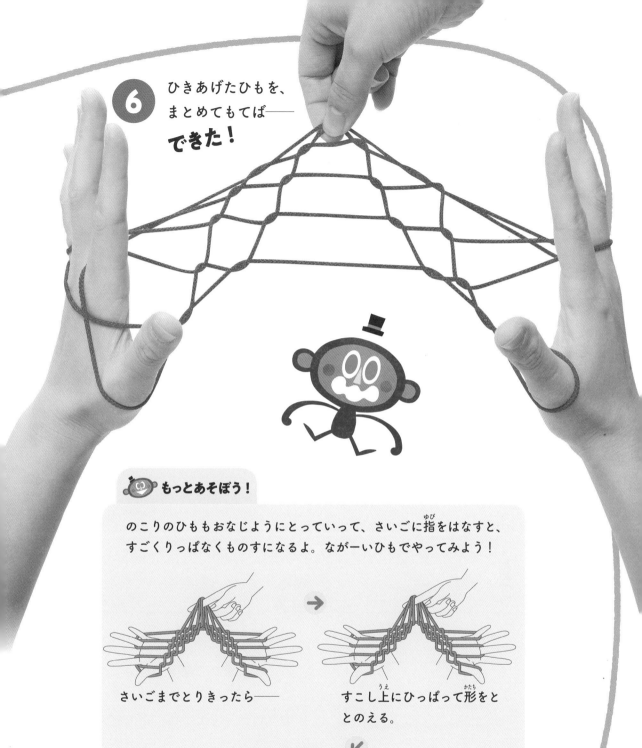

6 ひきあげたひもを、
まとめてもてば——
できた！

🐵 **もっとあそぼう！**

のこりのひももおなじようにとっていって、さいごに指をはなすと、
すごくりっぱなくものすになるよ。ながーいひもでやってみよう！

さいごまでとりきったら—— → すこし上にひっぱって形をと
とのえる。

まとめていた指をはなして、手をゆっくり左右にひろ
げると「りっぱなくものす」ができた！

ひと山ふた山

山のぼりはワクワクドキドキ！　しぜんのけしきを
あらわしているあやとりは、世界中にあるんだよ。

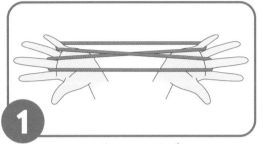

1 きほんの形から、親指をはずす。

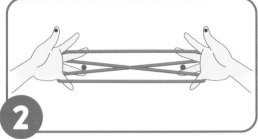

2 とりやすいように手のむきをかえて、親指を●のなかにいれる。

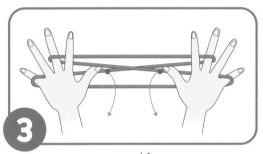

3 ●をひっかけて下にさげる。

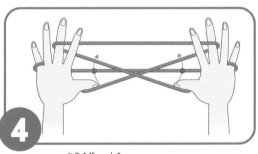

4 ●を親指で下からすくいとる。

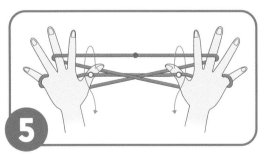

5

そのまま上から●をおさえて、やじるしのように下にさげる。そのとき親指にかかっている○はしぜんにはずれる。

6
ひと山ができた！

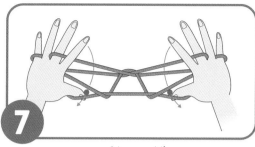

7

●のなかに人さし指をむこうが
わからいれる。

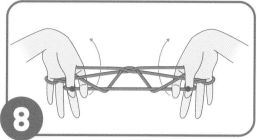

8

人さし指のせで●をとる。この
とき親指からひもがはずれる。

9

ふた山ができた！

10

やじるしのように、親指で●を
下からとり、○を上からとる。

11

三山ができた！

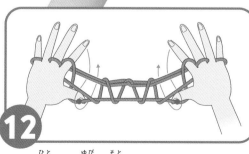

12

人さし指で外がわから、やじる
しのように●をすくいとっても
とにもどす。

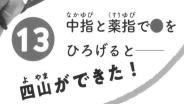

13

中指と薬指で●を
ひろげると──

四山ができた！

三つあみの女の子

はじめよう！

むずかしそうに見えるけど、くりかえしがおおいから、
なれるとドンドンあんでいけるようになるよ！

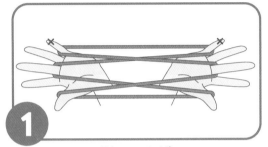

1 きほんの形から小指をはずす。

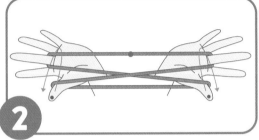

2 ●を親指でやじるしのように下からとる。

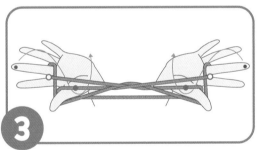

3 中指をむこうがわにまわすようにうごかし、●を下からとる。○のひもはしぜんにはずれる。

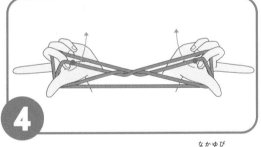

4 ●をとっているところ。中指をまげながらうごかすと、とりやすい。

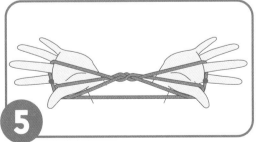

5 親指から●をはずす。親指をすこしまげると、スルッとはずれる。

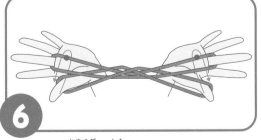

6 ●を親指で下からとると、❸とおなじような形になるので、❸から❺までをくりかえしていく。

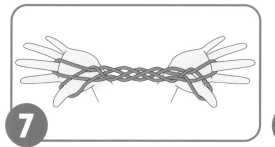

7 なん回かくりかえすと、図のようになる。

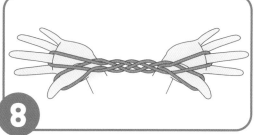

8 中指と親指からひもがとりづらくなるまでくりかえしていく。

9 指からはずし、●と○をつまんですこしだけひろげると——

10 三つあみの女の子ができた！

クリスマスツリー

はじめよう！ 人気ナンバーワンの、みんなでたのしむあやとり。おなじながさの色ちがいのひもでつくってみよう！

1

ひもを1本下におき、ふたりが、べつのひもを手首にかける。それぞれ手をやじるしのように、そとがわからまわして、手首にひもをまきつける。

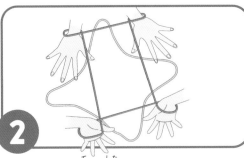

2 りょう手で下のひもをもつ。

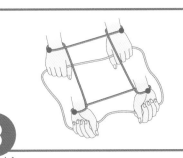

3 下のひもをしっかりにぎったまま、手首にかかっている●をはずす。

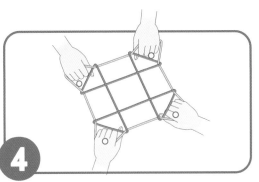

4 しかくけいのできあがり。それぞれ○のくうかんに、にぎっている手を上から手首までいれる。

🐵 **もっとあそぼう！**

❹から手をひとつはずすと、きれいなさんかくけいがつくれるよ。

56

5 3本めのひもを下におき、それぞれの手でにぎって、やじるしのようにひきあげる。

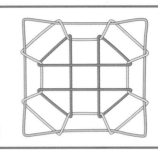

6 もちあげたところ。手首のひもは、しぜんとはずれる。

7 また、あたらしいひもをおいて、おなじことをくりかえす。4本か5本つかったら、3人めの人が●をまとめて、そっともちあげると──

8 できた！

もっとあそぼう！

つかうひもの、色のくみあわせをかんがえるのもたのしいよ。たくさんのひもをつかってながくのばすと、なわとびやマフラーにもつかえそう！

もってひとこと

1本のあやとりひもも、イメージをふくらませれば
いろんなものに見えてくる！　ひもをなにかに
たとえて、みんなに発表するあそびだよ。

はなぢ

たとえば、赤いひもをもって、「はなぢ」。青いひもをもって、「はなみず」。もうこれだけで大わらい！

おもしろーい

もっといいのを
かんがえたよ

キミも
やってみない？

てんし

こぶとりじいさん

リレーの
たすき

フラフープ

100カラットの
ダイヤモンド

ヘリコプター

4

あそべる
あやとり

うごかしたり、
あそべるしかけがあったりする
あやとりをしょうかいするよ！
「かめん」でへんそうする？
「うなぎ」をつかまえてみる？
どれからあそぼうか!?

ゴム

はじめよう！

のびちぢみするゴムをつくろう。つくれるゴムは
2しゅるい！　ひもがぬけるてじなもできちゃうよ！

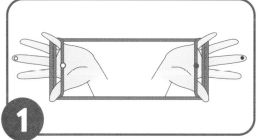

① 親指と小指にひもをかける。小
指がわのひもを、りょう手の親
指と小指に1回まきつけたら、
●と○をそれぞれ中指でとる。

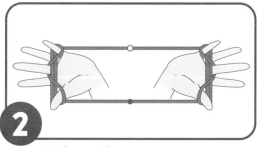

② 親指と小指から●と○をはずす。

**③ ひとつめの
　　ゴムができた！**

りょう手のちからをぬいて、
手のひらをひらいたりとじ
たりすると、ゴムがのびち
ぢみする。

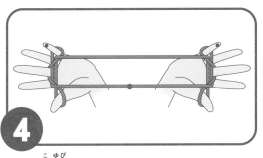

4 小指で●をとる。

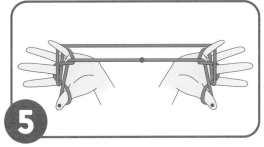

5 ひものいちと、とるじゅんばんに気をつけて、親指で●をとる。

6 ふたつめの
ゴムができた！

❸とおなじように、手のひらを
ひらいたりとじたりしてあそぶ。

🐵 **もっとあそぼう！**

りょう手の中指のひもをそっとはずし、図のように手前のひもをくわえてひっぱると、ひもがスルリとぬけてしまうよ！ うまくいかないときは、❶のまきつけ方を見なおしてみよう。

かめん

はじめよう！

あやとりでなりきりゲーム！
ひもを二重にしてつくるときれいだよ。

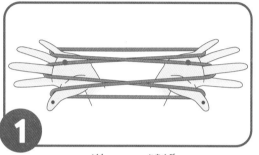

1 きほんの形から、親指で●をとる。

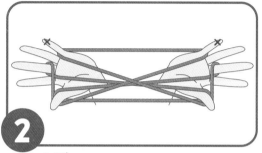

2 小指をはずす。

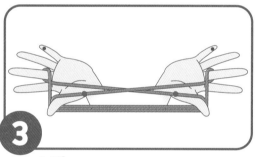

3 小指で●をとる。

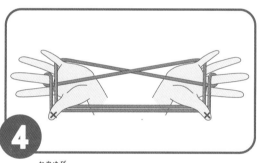

4 親指をはずす。

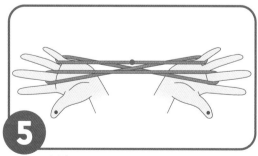

5 親指で●をとる。

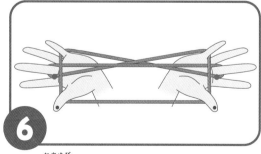

6 親指に●をかける。

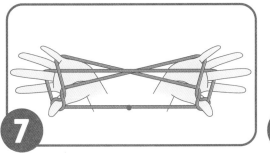

7 親指から●をはずす。

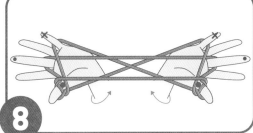

8 中指を●のなかにいれ、小指を
はずしながらむこうへひらく。

9 できた！

※写真の「かめん」
は、ひもを二重にして
つくっています。

もっとあそぼう！

「めがね」、「マスク」ともよばれているよ。
さかさまにしてつかうと、ひょうじょうが
かわるかも!?

エレベーター

はじめよう！ ひもをつまんだ指（ゆび）がエレベーターにはやがわり！
セリフをいいながらひもをうごかそう。

1 右手（みぎて）で●をつまんで下（した）にひっぱる。ひもは、さいごまではなさない。
「地下（ちか）に
まいりまーす。」

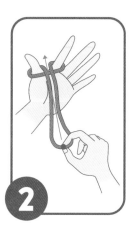

2 ●を下（した）までひいたら、やじるしのように親指（おや）と人さし指のあいだをとおして上（うえ）にあげていく。
「上（うえ）に
まいりまーす。」

「屋上（おくじょう）で
ございます。」
親指（おやゆび）に●を、人さし指（ゆび）に○を、やじるしのようにかけたら、右手（みぎて）をまたさげる。

4
「ごゆっくりどうぞ。」
右手（みぎて）をそのままひっぱっていくと——

🐵 もっとあそぼう！
ひもが、指（ゆび）からぬける！
「まいど、ご来店（らいてん）、
ありがとう
ございました。」

びっくりほうき

はじめよう！

いっしゅんでできあがるほうきは、まるでマジック！
すばやくできるように、れんしゅうしてみよう！

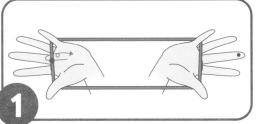

1 図のようにひもを親指と小指に
かけて、右手の中指で下から●
をとり、1回ねじってもとにも
どす。

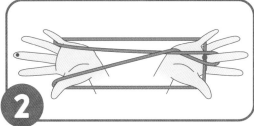

2 左手の中指で、●をとる。

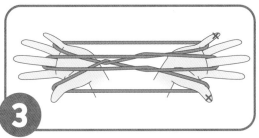

3 りょう手をパチンと、あわせて、
右手の親指と小指のひもをはず
す。

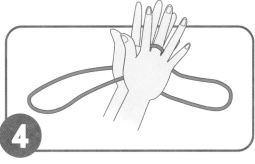

4 はずしているところ。

5

できた！

もっとあそぼう！

❶のとき上からとる方法もあ
るよ。そのときは2回ひねっ
てもどすとうまくいくんだ。

はたおり

はじめよう！

たなばたのおりひめさまがつかう「はたおり機」だよ。
むずかしいときは、だれかに手つだってもらってね！

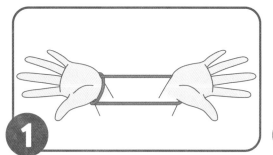

1 りょう手首にひもをかけ、左手首に右まきにひもをまきつける。

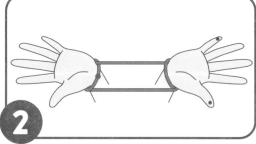

2 おなじように右手首にも、右まきにひもをまきつけたら、右手の親指と小指で●をとる。

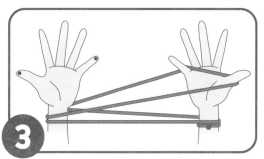

3 おなじように左手でも●をとる。

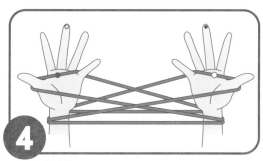

4 中指で●と○をあやにとる。

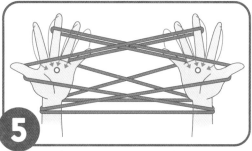

5 親指いがいの4本の指を、○にいれる。

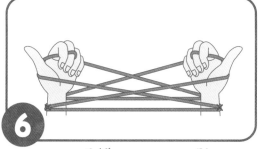

6 りょう手首にかかった2本のひもを、まとめてすっとぬく。

このとき、●が親指からはず
れないようにする（むずかし
いので、だれかに手つだって
もらうとよい）。

7

8 手首のひもがはずれたら指を
のばし、手をひろげる。

できた！

手のひらをむこうへむけたり
こちらへむけたりすると、○
がいったりきたりする。

うなぎ

はじめよう！ ヌルヌルのうなぎが、つかんだ手からスルリと
にげだすよ。パプアニューギニアのあやとりだ！

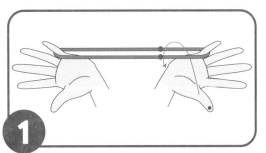

1 りょう手の小指にひもをかけ、
右手の親指で、やじるしのよう
に●の2本をまとめてとる。

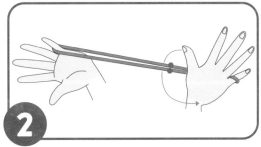

2 とっているところ。

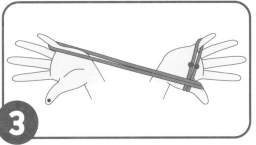

3 左手の親指で●を2本まとめて
とる。

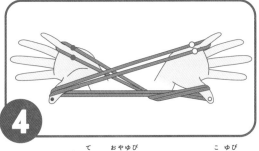

4 りょう手の親指でそれぞれ小指
の●と○を2本まとめてとる。

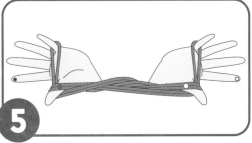

5 人さし指で●と○をそれぞれ2
本まとめてとる。

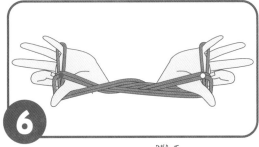

6 とりおわったら、左手だけを、
手のこうがむこうがわをむくよ
うにまわす。

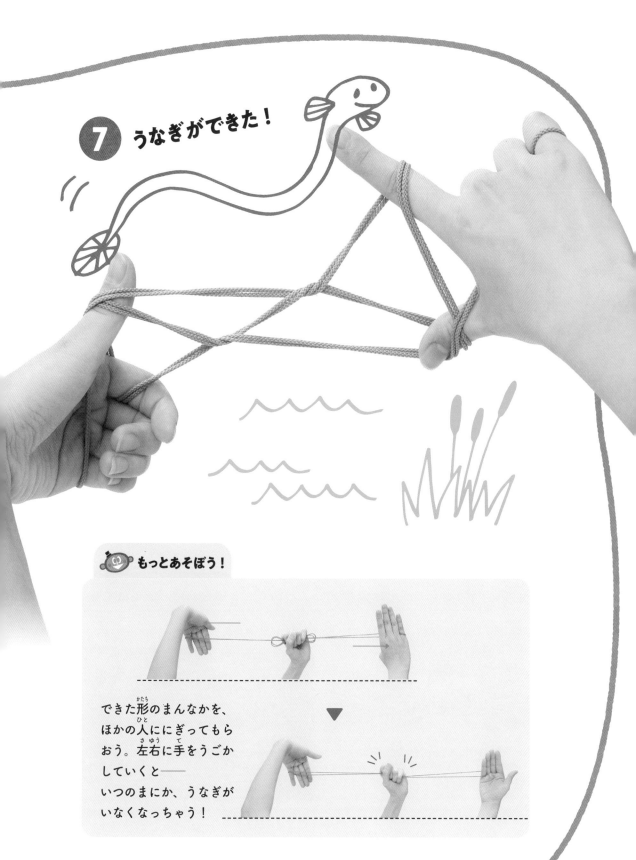

7 うなぎができた！

もっとあそぼう！

できた形のまんなかを、ほかの人ににぎってもらおう。左右に手をうごかしていくと──
いつのまにか、うなぎがいなくなっちゃう！

うたってあそぼう

うたいながら、あやとりで蚊^かをつくろう。なれて
きたら、はやくうたいながらチャレンジしてみて！

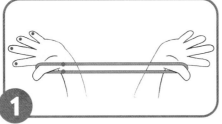

1 りょう手^ての親指^{おやゆび}にひもをかけ、左手^{ひだりて}
ののこりの4本^{ほん}の指^{ゆび}をとる。

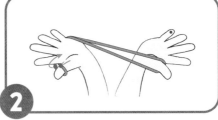

2 右手^{みぎて}の小指^{こゆび}で●の2本^{ほん}をとる。

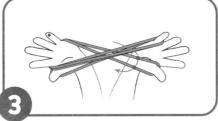

3 左手^{ひだりて}の小指^{こゆび}でやじるしの方向^{ほうこう}に●を
とる。

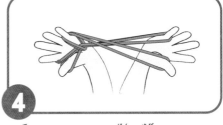

4 手^てのこうの●を4本^{ほん}の指^{ゆび}からはずす。

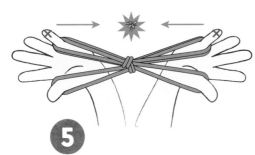

5 蚊^かのできあがり！　ピチャッと手^てを
たたき、りょう手の小指^{こゆび}をはずすと、
もとどおりになる。

なんどもたたいてあそぶと、とってもゆか
いだよ。これにうたをつけてやってみると、
またいっそうおもしろくなる。うたいなが
ら、ばんごうのうごきをやってみよう。

1 蚊^かがとんできたぞ　**2** 蚊^かがとんできた
3 さされる前^{まえ}に　**4** つぶしてしま
5 え（たたいて、小指^{こゆび}をはずす）
1 そら　**2** また出^でた　**3** ぞ　**4** 蚊^かが
5 とんできた

なれてきたら、
友^{とも}だちときょうそう
してみよう

5

マジック
あやとり

あやとりひもをつかって、
みんなをおどろかせるてじなもできるよ！
指やうでにかけたはずのひもがスルリとぬけたり、
からんでいるとおもったひもがパッとほどけたり。
できるようになったら、どうしてそうなるのか
まわりの人にもおしえてあげよう！

へび

はじめよう！ あやとりひもで、なが～いへびをつくろう！ うでにまきついたへびが、いつのまにかにげだしちゃうよ。

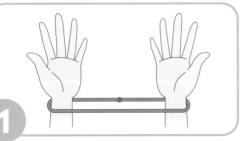

1 りょう手首にひもをかけ、●を左手でつまんで、右手首に1回まきつける。

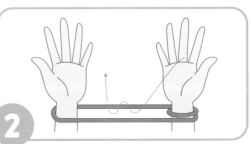

2 右手を、やじるしのようにわのなかにくぐらせる。

3 できた！
左手をひいていくと——手首にまきついたひもがスルリとはなれる。

もっとあそぼう！
❸で手をひろげていくとき、ゆっくりと、ほんとうにへびがからみついているようにやるのがコツ。

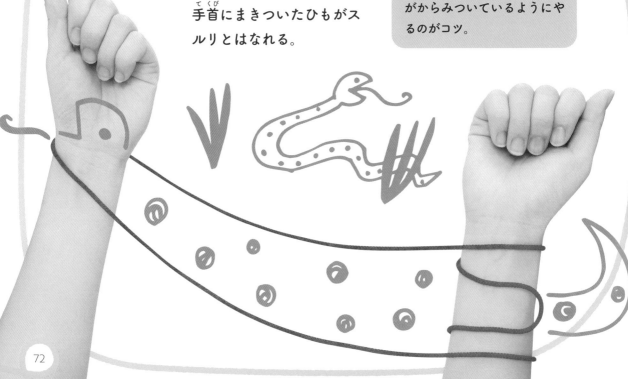

わがつながるよ

はじめよう！ あやとりひものりょうはしにつくったわが、おまじないをかけるとパッとつながる、ふしぎなマジック！

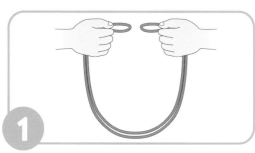

1 ひものりょうはしをもって、「こちょこちょえーいやー」と、おまじないをかける。このとき、わに切れめがないことを見せる。

2 ひものりょうはしをかさねて、左手で●を、右手で○をもち、やじるしのようにとる。

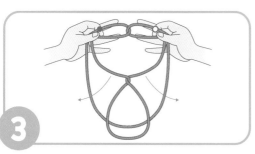

3 ②でとったひもといっしょに、左手で●を右手で○をつまみ、中指と薬指と小指をはなす。

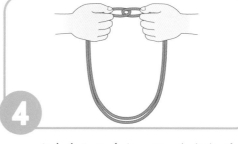

4 ひもをかるくふって、ねじれがきえると——

5 あれっ？
はなれていたわがつながった！

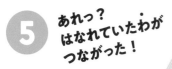
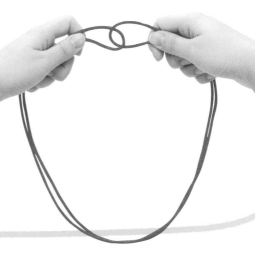

中指ぬき

はじめよう！

カンタンそうに見えるけど、
ひものかけ方がとってもだいじ！

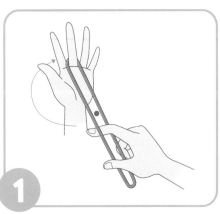

1

左手の中指にひもをかける。
右手の人さし指を●にいれてひ
もをもち、左手のこうにまわし
て中指にかける。このとき、手
のひらがじぶんのほうをむくよ
うにまわすとよい。

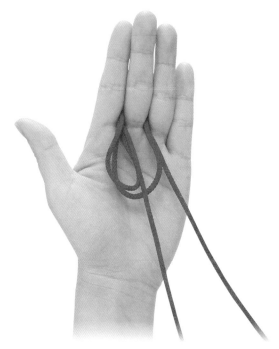

2
親指の2本のひもをはずし
て人さし指と中指のあいだ
にはさむ。

3

●をひっぱると、ス
ルリとぬける。

🐵 もっとあそぼう！

2のときに人さし指、中指、薬
指をしっかりととじて、「あれ？
ダメかも」という顔をしてから
ひっぱって、「うわ！」といい
ながらぬくと、もりあがる。

手じょう

はじめよう！ ほかの人に「手をかして」といって手つだってもらおう。つかまったあいてはびっくりしちゃうかも！

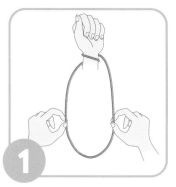

1 あいての手首にひもを1回まきつける。

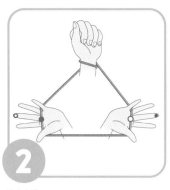

2 中指で●と○をあやにとる。

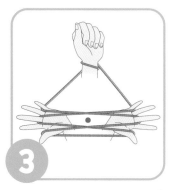

3 ●のなかに、あいての手を下からいれる。

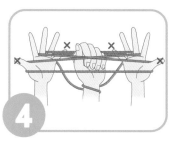

4 親指と小指をそっとはずして、りょう手をひろげると——

5 できた！

もっとあそぼう！

ほかのやり方も、あるんだって！　どんなとり方なら、おなじことができるのか、かんがえてみよう！

ひもうつし

はじめよう！

人さし指にかけたひもが、中指にうつるてじなだよ。
ひものまき方を、まちがえずにできるかな？

1 左手の人さし指にひもをかけ、人さし指と中指の2本に左まわりにまきつける（左手のこうから見たとき●が○より指さきがわになるように）。

2 2回まきつけたら、見ている人に気づかれないように、●のひもだけを人さし指と中指から1回はずし、あとはおなじようにまいていく。

3 ぐるぐるにまきつけたら、右手で●の2本をもって、やじるしのようにほどくと、あらふしぎ。

4 中指にひもがうつっている！

もっとあそぼう！

2でひもをはずすとき、なにげなくやるのがだいじ。はなしながらスッとできるようにれんしゅうしよう。

うらない

はじめよう！

いつでもどこでも、すぐにできるうらないだよ。
指がひっかからなかったら、きょうは「いい日」！

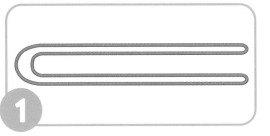

1

ひもをふたつおりにして、おっ
たほうをもつ。

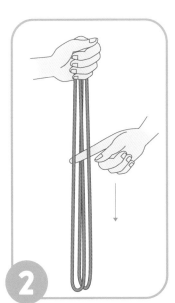

2

ひもとひものあいだに
指をいれて、そのまま
さげていき──

3 ラッキー！ ぬけたー!!
こうたいしてあそぼう。

指ぬき

はじめよう！

指にからめたひもがスルスルぬけると気もちいい！

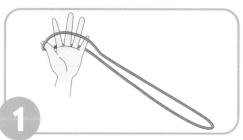

1 図のように左手にひもをかけ、右手の人さし指で●をとり右にねじる。

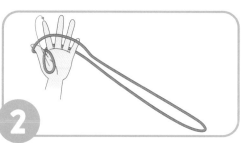

2 できたわを、人さし指にかける。

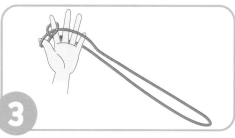

3 右手の人さし指で●をとり、右にねじってできたわを中指にかける。このようにじゅんに、小指までかけていく。

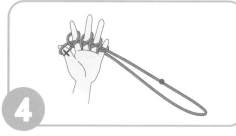

4 親指をはずし、手のひらがわにある●を右にひっぱると──

5 指からぬける！

🐵 もっとあそぼう！

ながいひもで、にじゅうの指ぬきにもチャレンジ！　小指のうしろのひもを手前にまわして親指の外がわから1回まいたら、あとは、**1**〜**4**とおなじやり方だよ！

8の字

「1、2の3」のかけごえでひもをひくと、おさえたはずの8の字のねじれが、なくなっちゃうよ！

1

ひもが8の字になるようにねじり、つくえなどの上におく。

2
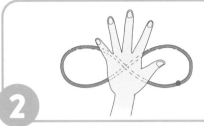
左手で、まんなかのひもがこうさしているところをしっかりおさえ、右手で●をもって——

3
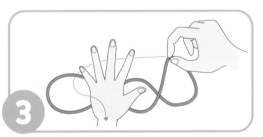
やじるしのように左手の親指いがいの4本の指にかける。

4
右手をねじって、わのそとがわに親指がくるように●をもち、やじるしのように——

5
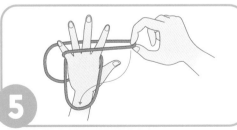
左手の親指いがいの4本の指にかけ、手のこうのほうにもっていく。

6
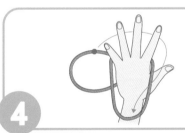
手のこうにある2本のひもをいっしょにひっぱると——

ひもがぬける！

こびとの きえるまほう

はじめよう！ かわいいこびとがロケットにへんしんしてきえていく、まるでまほうみたいなあやとりだよ！

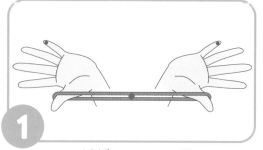

1 ひもを親指にかけ、2本の●を小指でまとめてとる。

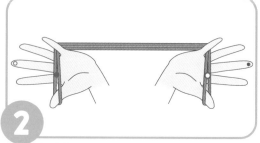

2 中指で●と○を、それぞれ2本まとめてあやにとる。

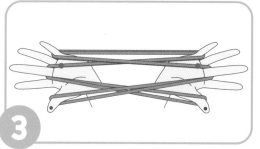

3 親指で●を、それぞれ2本まとめてとる。

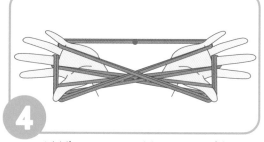

4 親指のいちばん下のひもを上からはずし、●を小指からはずす。

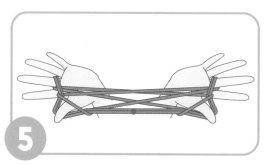

5 2本の●をまとめて、口でくわえる。

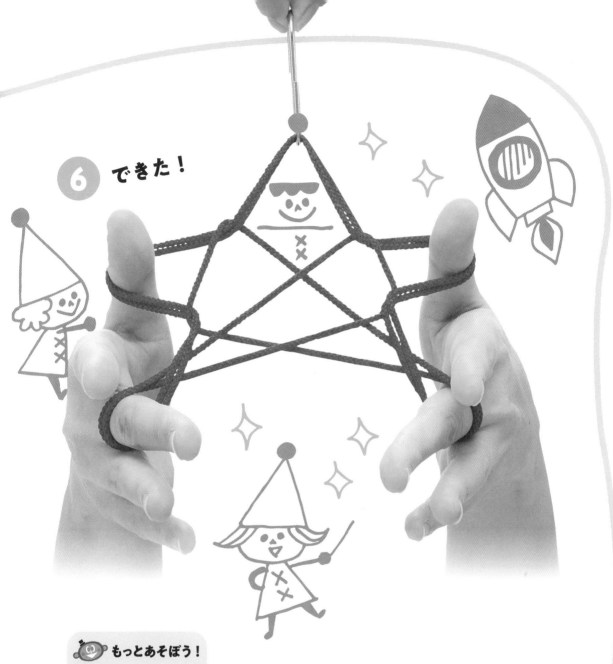

6 できた！

もっとあそぼう！

くわえたひもをもっとひ
くと、こびとがロケット
にへんしん！ そこから
りょう手をパチンとたた
きながら親指をはずせば
ロケットはっしゃ！ ひ
もがスルリとぬけていく
よ。

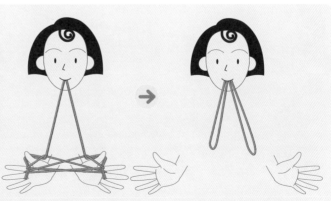

ロケットができた！　　　ロケットがきえた！

おんなじおんなじ

みんなでパッチン！ リーダーとおなじ形(かたち)をつくろう。
やってみるといがいとむずかしい？ でも、おもうよう
に指(ゆび)がうごいて、あたったときはとってもうれしいよ！

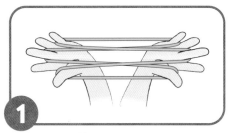

1

「きほんの形(かたち)」をみんなでつくる。

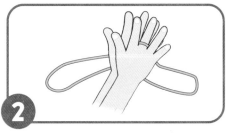

2

リーダーの「よーい……パッチン」
のあいずで、手(て)と手(て)をあわせる。ど
うじに、左手(ひだりて)と右手(みぎて)のひもを1本(ぼん)ず
つのこす。リーダーとおなじ指(ゆび)のひ
もをのこせたら、大(だい)せいこう！

リーダー

つぎのリーダー

あてた人(ひと)が
つぎのリーダーに
なるよ

6

わゴム
あやとり

おうちにある「わゴム」でも、
あやとりができちゃうってしってた？
わゴムでロケットやお星さまをつくったり、
てじなをしたり、たのしいあそびがたくさん！
わゴムとあやとりひもをくみあわせたあそびも
しょうかいするね！

わゴムの たつまき

はじめよう！

あやとりひもをつたってクルクルまわる、わゴムの
たつまき！　いきおいよくできると気もちいいよ。

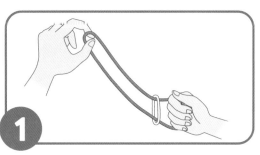

1 ひもにわゴムをとおす。りょう
手でひものりょうはしをもって、
わゴムを右はしによせる。

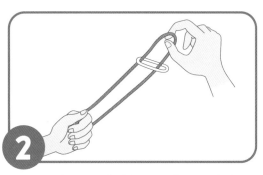

2 ひものはばがなるべくほそくな
るように人さし指と親指でつま
んだら、右手をあげて、ひもを
ぴんとはる。わゴムがひもにひっ
かかったときには、すこしだけ
ゆるめてから、またぴんとはる
とよい。

3 できた！

🐵 もっとあそぼう！

つかうひものしゅるいで、
わゴムのおちてくるはや
さがかわるよ。いろいろ
なひもでためしてみよ
う！

わゴムうつし

はじめよう！ わゴムが指から指へとしゅんかんいどう！
指のたいそうにもなっちゃうかも？

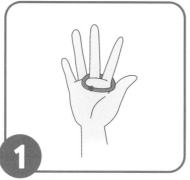

1 右手の人さし指と中指にわゴムをかけ、左手で●をひっぱる。

2 ●に右手の親指いがいの4本の指をいれる。

3 ひっぱっている左手をはなして、右手をひらいてみると──

4 わゴムがうつった！

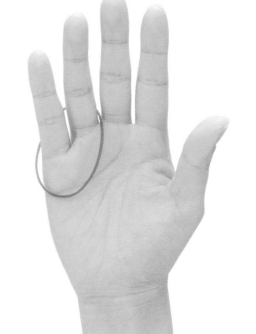

おちるわゴム

はじめよう！ わゴムとあやとりひもをつかったマジックだよ。
ひものはずし方をマスターできるかな!?

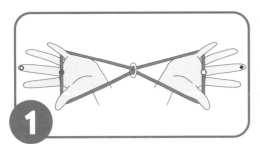

1 わゴムをとおしたひも を図のようにりょう手 にかけて、中指で●と ○をあやにとる。

2 パチンとりょう手をあわせて、 そのしゅんかん、すばやく右手 の親指と小指、左手の中指と小 指をはずす。

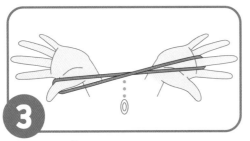

3 りょう手をひろげると、ひもにと おしていたわゴムがぬけて下にお ちていく。

🐵 もっとあそぼう！

わゴムのかわりに、おう ちの人の指わや、人さし 指と親指でつくったわで もためしてみてね！

わゴムのカエル

はじめよう！

1本のわゴムが、手のひらサイズのとりいにも、
しかくいまどにも、カエルにもなるよ！

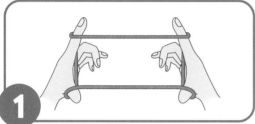

1 手を下むきにして、親指と人さし指
にわゴムをかけ、手を上にむける。

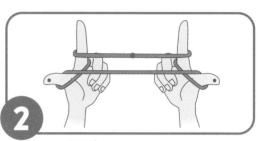

2 ●を親指でとる。

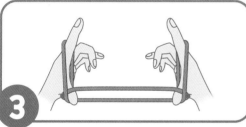

3 ●を、上のひもをこえて、親指か
らはずす（むずかしいときは、ほ
かの人に手つだってもらおう）。

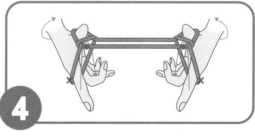

4 さかさまにして――「とりい」！
そこから、はしごをつくるときの
うごきで、やじるしのように人さ
し指で●をとる。

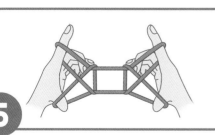

5 「しかくいまど」ができた！
ここから人さし指をのばして
いくと――

6 カエルができた！

ロケット

はじめよう！

片手に2しゅるいのロケットをつくる、わゴムの
あやとり！　もう片方の手もつかってつくっていこう。

1 ●を親指でとる。

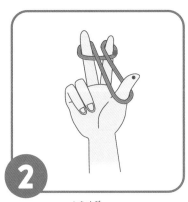

2 ●を親指でとる（もう
片方の手もつかおう）。

3 ●を親指からはずす。

4 ロケットができた！

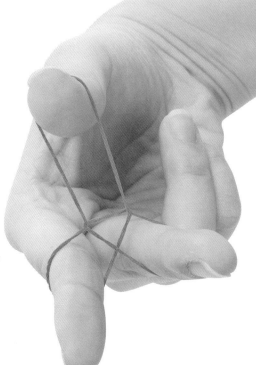

5 ●のなかに人さし指と中指をいれる。

6 親指をはずす。

7 ●を親指でとる。

8 もうひとつの
ロケットができた！

●のなかに人さし指と中指をいれ、親指をはずすと——

9 はい、もとどおり！

にじゅう星（ぼし）

はじめよう！ はじめに大きな星をつくろう！　できた？
そこから、つぎはにじゅうになった星がうまれるよ！

① 左手の親指と人さし指にわゴムをかける。右手で下から●をとって、１回ねじってから左手の小指にかける。

② 親指のつけねのくうかんから右手の人さし指をいれて、やじるしのように●を上からとる。

③ 右手の小指で、●をやじるしのようにとる。

④ 大きな星ができた！

⑤ 左手の親指と小指をはずす。

⑥ 右手のゴムをそれぞれ左手の親指と小指にうつす。

7

右手の人さし指と中指でやじるしのように●をとってねじる。

8

右手の人さし指を●に、中指を○にいれる。

9

10

にじゅう星ができた！

右手の親指をつかって、**7**でとったゴムをはずすと——

色ちがいのにじゅう星もつくってみよう！

色ちがいのわゴムをむすんで左手の親指と小指にかけ、●を人さし指にかける。

→

右手で●をとり、左手の人さし指をはずしてから、その人さし指に、とった●をかける。

→

この形になる。あとはにじゅう星の**7**から、おなじようにつくる。

できた！

とばしてあそぼう

あやとりひもをピューンととばしちゃおう。
よーくねらったり、とばすきょりをきそったり、
あそび方もいろいろだよ！

1 片方の手の親指にひもをかけ、はんたいの手の人さし指を下にむけて、ひもをもつ。

2 ひもをピーンとはって、親指をぐっと前にまげながら人さし指をはなすと、ひもがピョーンととびだす。

**ここに
かけてごらん**

きょうだいや友だちどうしがあつまれば、ねらいをさだめてとばしたり、だれがいちばんとおくまでとばせるか、きそいあってあそべるよ。

あやとりの矢

あやとりのひもにわゴムをかけてとばせばもっととおくまでとんでいくよ！

**わゴムの
てっぽう**

わゴムを小指にかけてから親指のせをとおして、人さし指にかける。小指をはなしてはっしゃ！

※ひもやわゴムは人にむけてあそばないでください。

7

へんしん
あやとり

「かに」から「キャンディー」に、
「キャンディー」から「女の子」に！
指をうごかすだけで、1本のひもが
つぎからつぎへとへんしんしていくよ。
できあがった形からおはなしをつくっていくと、
世界にひとつだけのストーリーが
できちゃいそう！

かに ➜ キャンディー ➜ おさげの女の子

はじめよう！ かにから女の子にへんしんするなんて、そうぞうできる？　かんたんだけどびっくりしちゃう！

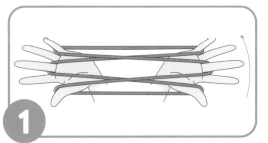

1 きほんの形から、右手をむこうがわにねじる。

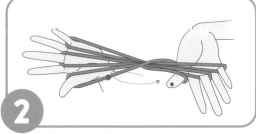

2 右手の親指で●をうちがわからとって、ねじった手をもどす。

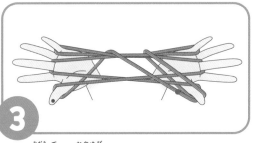

3 左手の親指で●をとる。

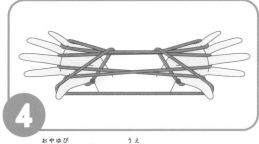

4 親指の●を、上のひもをこえてはずすと――

5 かにができた！

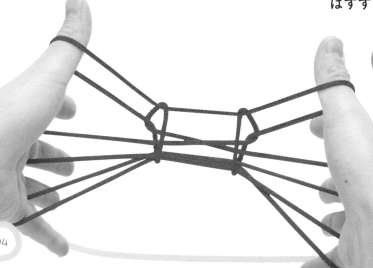

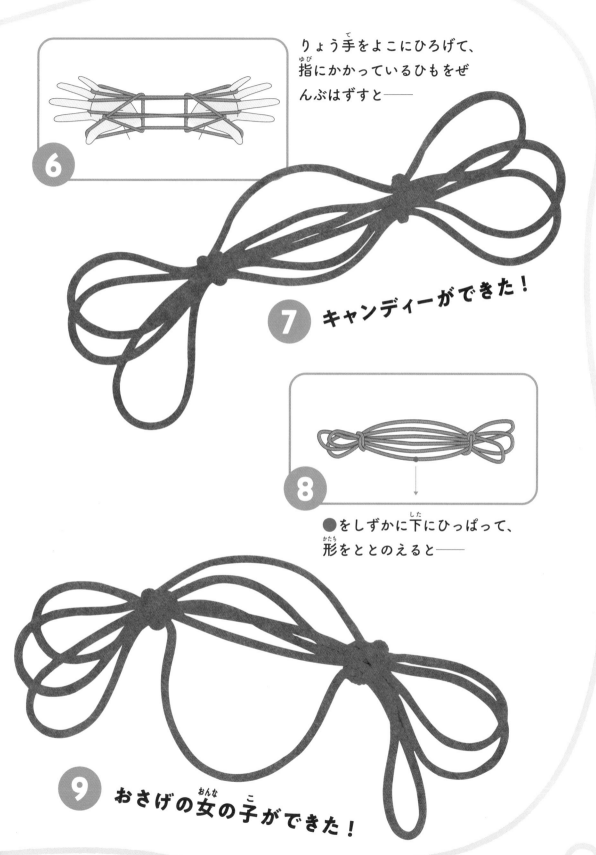

りょう手をよこにひろげて、指にかかっているひもをぜんぶはずすと──

6

7 **キャンディーができた！**

8

●をしずかに下にひっぱって、形をととのえると──

9 **おさげの女の子ができた！**

とりい ➡ ほうき ➡ やぶのなかの小屋 ➡ はさみ ➡ ちょうちょ ➡ でんせん

はじめよう！ ひとつの形ができても、ゆだんしないで！
つぎつぎにちがう形をつくっていくあやとりだよ。

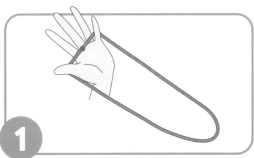

1 左手の手のひらの●を、右手の
人さし指でひっぱる。

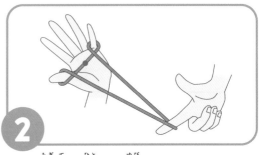

2 右手の人さし指でもういちど、
●をひっぱる。

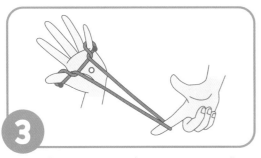

3 右手の人さし指をはずして、右
手を○のなかに上からいれて、
右手の親指と人さし指で●を上
からひっかけるようにとる。

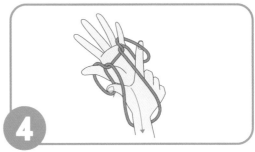

4 とっているところ。右手の親指
と人さし指でひっかけたひもを
やじるしのようにひっぱると、
手首のひもはしぜんにはずれる。

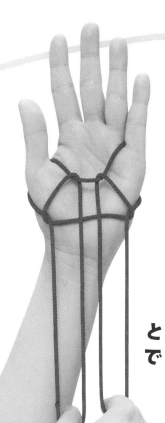

とりいが
できた！

5

そこから、左手の人さし指と中指と薬指をそれぞれじゅんに ○・○・○ のなかにいれ、● のひもを上から左手のこうの方へまわす。

6

● のひもを左手のこうの方にまわしているところ。まわしたら、右手で ○ をひっぱる。

7

ほうきができた！

つづく…

❼から右手をはなして人さし指をやじるしのようにいれ、左手の人さし指と薬指にかかっている●のひも4本をまとめて手前にひっぱる。

8

やぶのなかの小屋ができた！

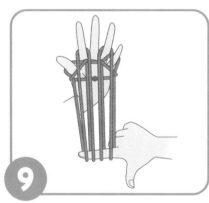

9

右手の人さし指をはずして、ふたたび●をひっぱると、また「ほうき」にもどる。

10

右手をいちどはずして、○のなかに下から親指と人さし指をいれ、左手の人さし指と薬指の●をそれぞれ右手の親指と人さし指にうつしかえる。

11 はさみができた！

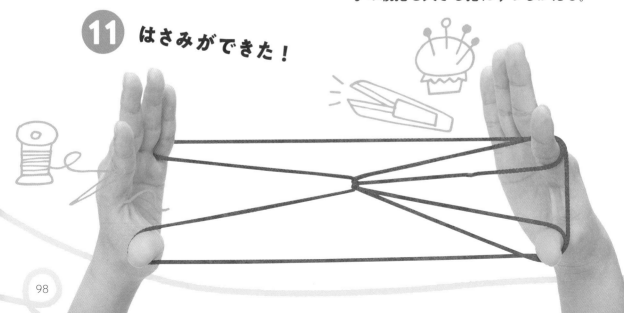

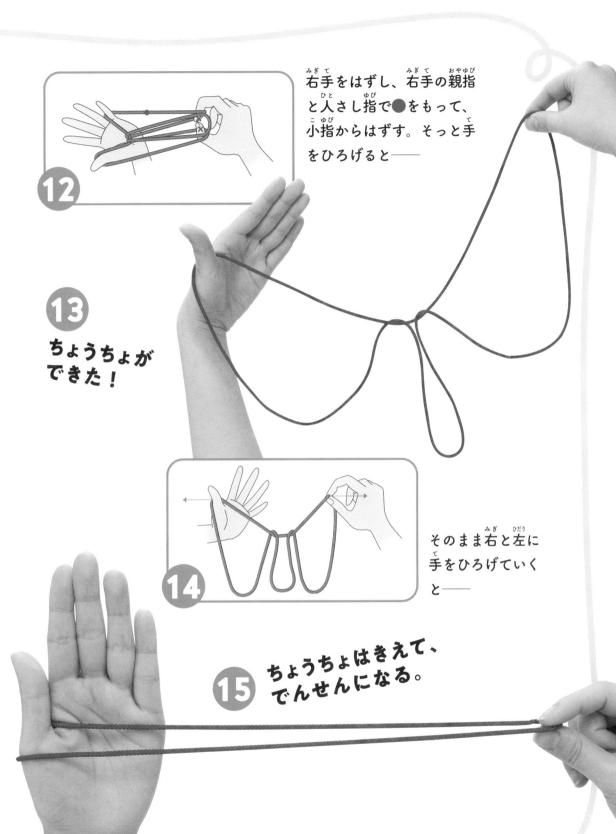

右手をはずし、右手の親指と人さし指で●をもって、小指からはずす。そっと手をひろげると——

12

13

ちょうちょができた！

14

そのまま右と左に手をひろげていくと——

15 ちょうちょはきえて、でんせんになる。

ブランコ → 糸まき(いと) → とんぼ

はじめよう！ ゆらゆらゆれるブランコを、くるっとまわせば あらふしぎ！　糸まき(いと)やとんぼのできあがり！

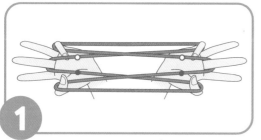

1 きほんの形(かたち)から親指(おやゆび)で●を、小指(ゆび)で○を、それぞれとる。

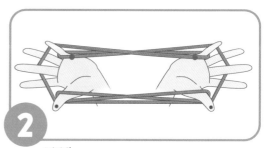

2 親指(おやゆび)で●をとる。

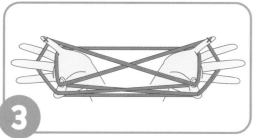

3 小指(こゆび)をはずす。

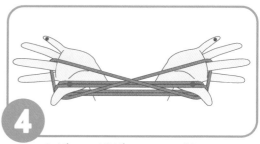

4 小指(こゆび)で、親指(おやゆび)の●を2本(ほん)まとめてとる。

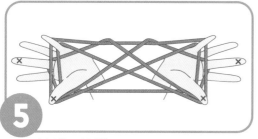

5 親指(おやゆび)と中指(なかゆび)のひもをはずす。

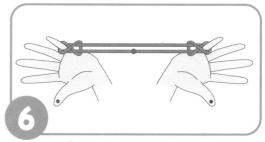

6 親指(おやゆび)で●をとる。

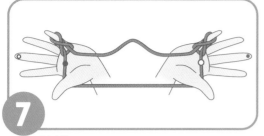

7

中指で●と○をあやにとる。

8 ブランコができた！

もったまま、手前からひもを3回てんほどまきつける。

9

糸まきができた！

ぶらさがっているひもを口でひっぱって──

10

しずかに指からはずして形をととのえると、

すてきなとんぼができた！

いつつのダイヤ→くり→すべり台→カメ→まど→ゴム→ひこうき→かぶと→うらない

はじめよう！

つぎつぎと形をかえる、たのしいあやとり！
さいごには、きょうのうんせいをうらなえるよ！

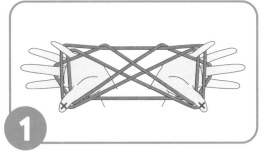

1 100ページの「ブランコ」の**5**から親指だけはずす。

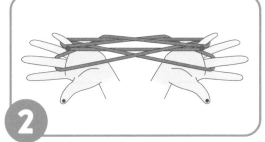

2 親指で、小指の●を、それぞれ2本まとめてとる。

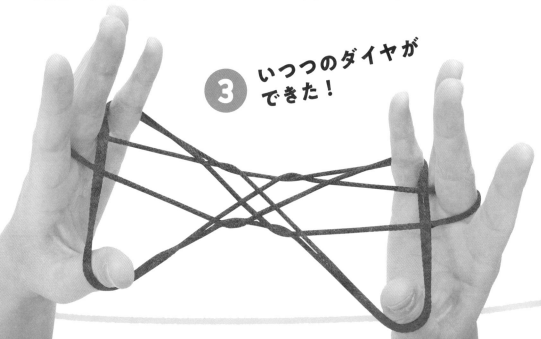

3 いつつのダイヤができた！

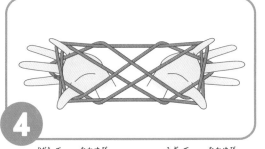

4 左手の中指の●を、右手の中指にうつしかえる。

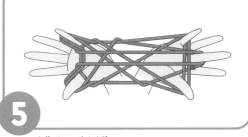

5 右手の中指にもともとあった●を、上のひもの下をとおして、左手の中指にうつしかえる。

6 くりができた！
そこから右手の中指をはずすと——

7 すべり台ができた！

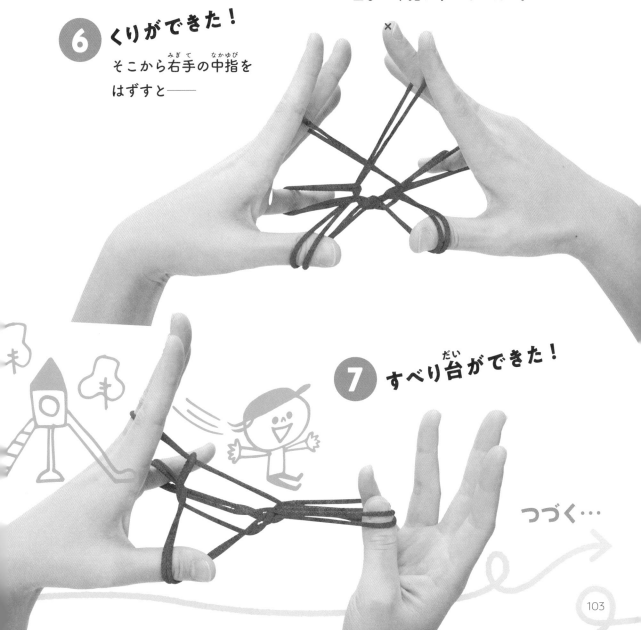

つづく…

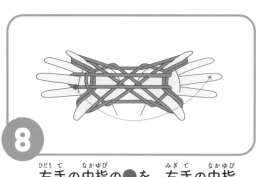

8 左手の中指の●を、右手の中指にうつしかえる。

9 カメができた！

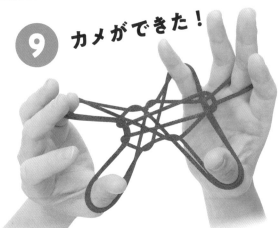

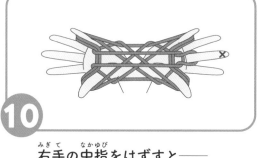

10 右手の中指をはずすと──

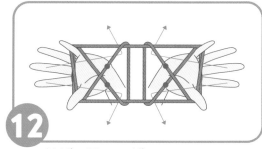

11 まどができた！

12 中指と人さし指でやじるしのように●をすくう。

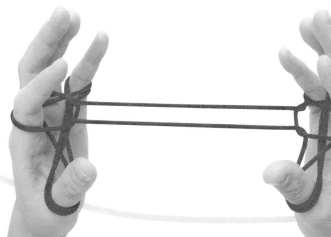

13 ゴムができた！

手のひらをひらいたりとじたりすると、ゴムがのびちぢみするよ！

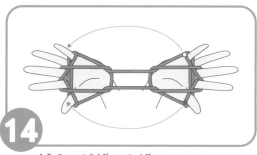

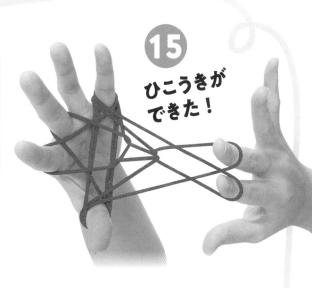

15

ひこうきが
できた！

14

右手の親指・小指にかかってい
る●と○を、左手の親指・小指
に、うつしかえる。

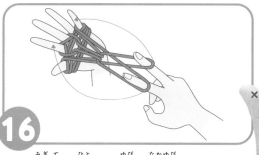

16

右手の人さし指と中指にかかっ
ているひもを、左手の人さし指
と中指に、それぞれ、うつしか
えると——

17

かぶとができた！

右手で左手の親指と
小指にかかっている
ひもをぜんぶはずす。

18

はずしたひもをぐっと
下にひいて、●を左手
の人さし指と中指のあ
いだから手のこうへた
らす。これからがうら
ない。さて——

19

人さし指と中指のひ
もをひいてするりと
ぬけたら、その日は
いいことがあるよ。

ぬけるかな？

天しゅかく → ちょうちょ → 富士山 → 富士山に月 → きくの花

はじめよう！

おしろの天しゅかくをとぶちょうが、富士山から月へとんでいく。そんなおはなしがうかんできそう！

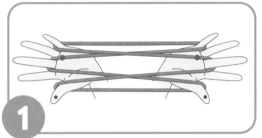

1 きほんの形から親指で●をとる。

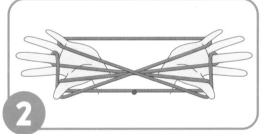

2 親指の●をはずす。

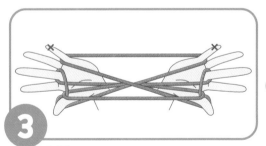

3 小指をはずす。

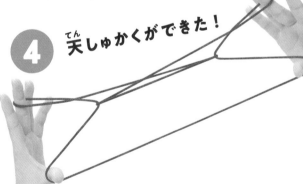

4 天しゅかくができた！

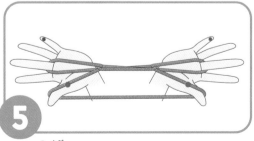

5 小指で●をとる。

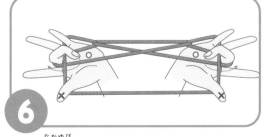

6 中指を○のなかにいれて、やじるしのようにまわしながら、親指をはずす。

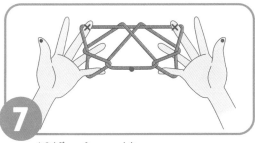

7 親指のせで、下から●をとり、
中指をはずす。

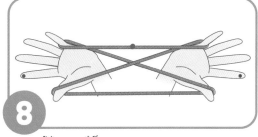

8 人さし指で●をとる。

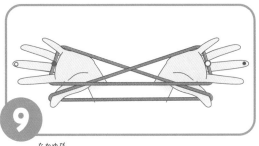

9 中指で●と○をあやにとる。

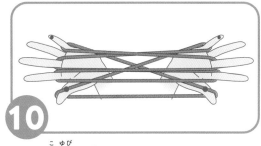

10 小指で●をとる。

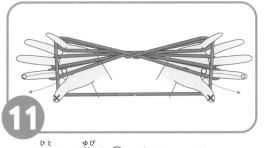

11 人さし指を○のなかにいれて、
やじるしのようにまわしながら、
親指をはずす。

12 ちょうちょができた！

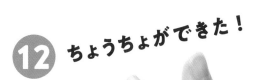

つづく…

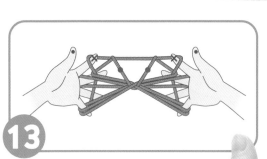

13 親指で●をとり、人さし指をはずす。

14 富士山ができた！

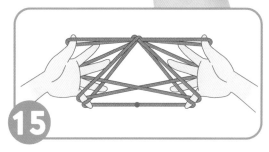

15 ●を小指からしずかにはずして、ゆっくりとりょう手をひろげると──

16 富士山に月がでた！

月が富士山の上にのぼって、パッときえる。

107ページの⑩から「きくの花」もつくってみよう！

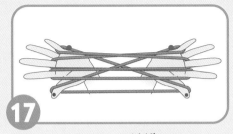

17 107ページの⑩から親指で●をとる。

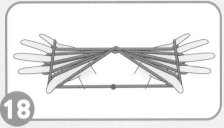

18 親指から●をはずす。

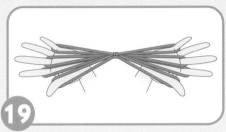

19 りょう手をうごかしながら、左右にひっぱり、まんなかをかたくしめる。

20 手からひもをそっとはずして形をととのえると──

きくの花ができた！

きれいな花ができたら、ラミネートするとほぞんできるよ。
できた花を板の上においてスプレーニスをふきかけ、よくかわいてからピンをつければ、ペンダントにも！

おはなしなんだろう

あやとりひもは、おはなしのぶたいもつくれるよ。
たくさんの色のひもをよういしておけば、いつでも
どこでも、じぶんだけのおはなしができちゃうね！

たとえば

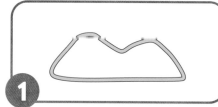

1 （みどりのひもをおいて、山の形を
つくりながら）「あるところに、お山
がありました」

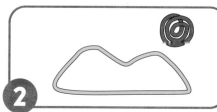

2 （赤いひもをまるめて）
「お日さまがのぼりました」
『お友だちはいないかな？』
『ぼくがいますよ。あそぼうよ』
「お日さまは、お山の上をコロコロ
ころがりました」

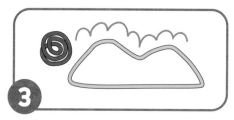

3 『うわー、たのしいな』
『くすぐったいけど、気もちがいいよ』

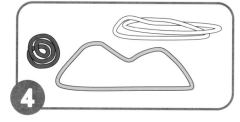

4 「あそんでいると、むこうからくもさ
んがやってきました」
（白いひもをもって）
『ぼくもいっしょにあそびたいなー』
『うん、いいよ』
『かくれんぼうしようよ』『じゃんけん
ぽん』
『くもさんのおに』『もういいかい』
「あれ？ お日さまくんは、どこへか
くれたのかな？」

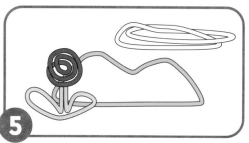

5 （青いひもではっぱをつくり、赤いひも
を花にして）
『ここだよー』『なあんだ。お花にへんし
んしてたのか』

こんなおはなし！

8 みんなで あやとり

友だちやかぞくがあつまったときに、
みんなでたのしめるあやとりを
しょうかいするね！
ちからをあわせてつくりあげるあやとりで、
おうちの人や友だちと、
もっとなかよくなっちゃおう！

のこぎり

はじめよう！ さあ、大工しごとのはじまりだよ！
「ギーコギーコ」と、リズムにあわせてうごかそう。

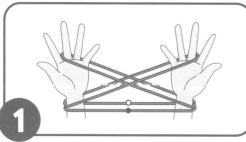

1 ひとりがりょう手首に1回ずつひもをまきつけ、中指であやにとる。もうひとりが○と●を、りょう手でもつ。

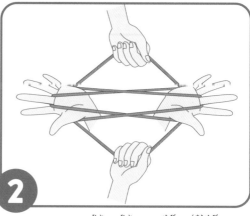

2 はじめの人は人さし指と薬指で中指をはさんで、中指のひもがはずれないように手首のひもだけをはずす。

3 タテにして、ふたりがおたがいにひもをひっぱったりゆるめたりすると──

のこぎりができた！

もちつき

はじめよう！ ペッタンペッタン手のひらがあたって、おいしいおもちができてくるよ。うたいながらやってみない？

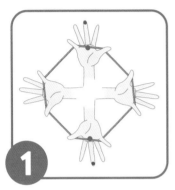

1 ふたりで図のようにひもをかけ、ひとりが●をあやにとる。

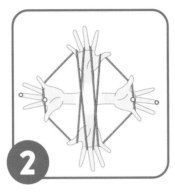

2 もうひとりが○をあやにとる。

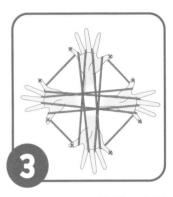

3 ふたりとも、親指と小指をはずす。

4 右手と右手、左手と左手をこうごにひっぱると、たがいの手と手をあわせてペッタンコ、ペッタンコ！

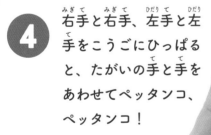

もちつきのできあがり！

113

むげんに あそべるあやとり

はじめよう！

おなじ形がくりかえしできる、ふしぎなあやとり。
30びょうでなん回できるか、ためしてみよう！

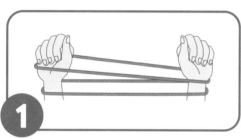

① ひもをにじゅうにまき、1本を
上にあげる。
（あいてから見た図）

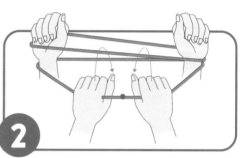

② あいては下のひものをにぎっ
て上にもちあげ、上から手首の
あいだにいれて——

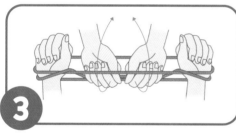

③ 手前にかえしてとる。このとき
あいてはひもをはずす。

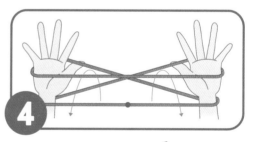

④ とったら、りょう手をひろげる。
あいてがまたをにぎり、**③**と
おなじようにかえす。これをく
りかえす。

もっとあそぼう！

ふたつのチームにわかれ「ヨーイドン」
のあいずでつぎの人にわたしていこう。
あわてないで、でもいそいで！

ぶんぶく ちゃがま

はじめよう！ 大にんきのふたりあやとりだよ。いろいろな形ができて、あそび方もいろいろなんだ！

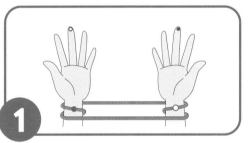

1 りょう手首にひもをひとまきして、中指で●と○をあやにとる。

2 つりばしができた！

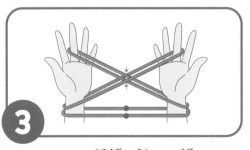

3 あいては親指と人さし指でこうさしているやじるしのところをつまむ。

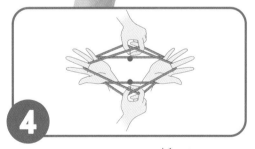

4 つまんだところ。下から●をすくって、指をひろげると──

5 田んぼができた！

つづく…

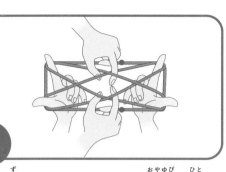

6 図のように、あいては親指と人さし指でこうさしているところをつまんで●のひものそとにまわし、下から上へすくう。

7 川ができた！

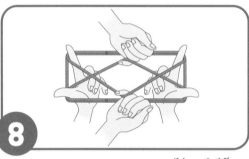

8 あいてはうちがわの2本を小指で1本ずつこうごにひっかけ、親指と人さし指で●を──

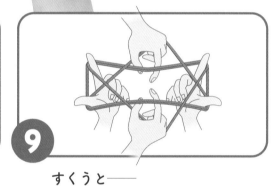

9 すくうと──

10 ふねができた！

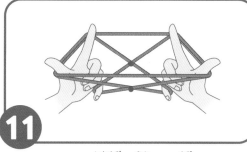

11

あいては親指と人さし指で●を
つまんで──

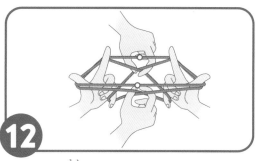

12

○の上からかぶせて、まんなか
から下へ指をいれる。

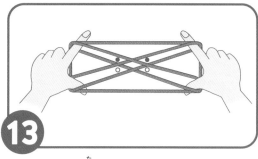

13

また、田んぼができた。
あいては左手の親指と人さし指
を●に、右手の親指と人さし指
を○にいれて、そとにだす。

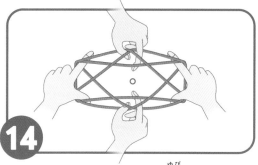

14

そとにだしたりょう指を、○の
下から上へすくうと──

15 大きなダイヤモンドが
できた！

つづく…

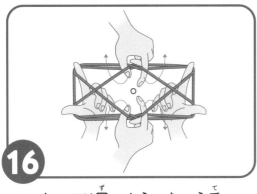

16
あいては図のようにりょう手の
親指と人さし指をいれ、○から
上へすくって、指をひろげる。

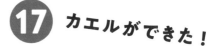

17 カエルができた！

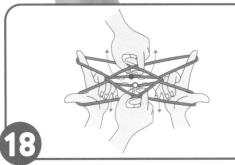

18
あいては図のように下から上へ、
右手で●を左手で○を、こうさ
するようにとる。

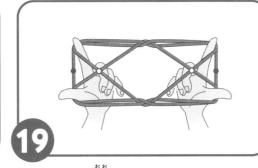

19
また、大きなダイヤモンドがで
きた！　あいては小指に●をか
けて、親指と人さし指で○をつ
まんで——

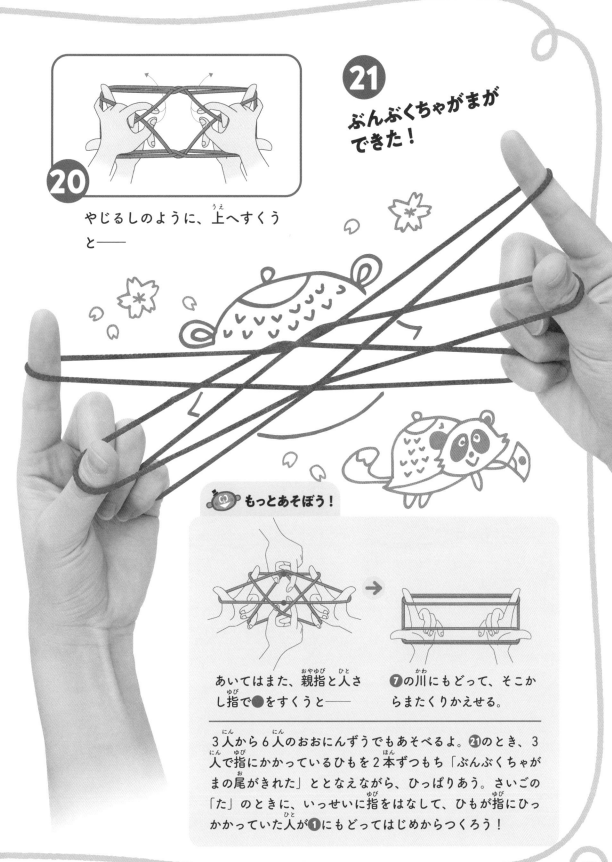

20 やじるしのように、上へすくうと——

21 ぶんぶくちゃがまができた！

🐵 もっとあそぼう！

あいてはまた、親指と人さし指で●をすくうと——

❼の川にもどって、そこからまたくりかえせる。

３人から６人のおおにんずうでもあそべるよ。㉑のとき、３人で指にかかっているひもを２本ずつもち「ぶんぶくちゃがまの尾がきれた」ととなえながら、ひっぱりあう。さいごの「た」のときに、いっせいに指をはなして、ひもが指にひっかかっていた人が❶にもどってはじめからつくろう！

二重あやとり

はじめよう！

ながーいひもをつかって、できあがる形が二重にかさなるあやとり！　あいてにとってもらうと、いろんな形が二重になるよ。

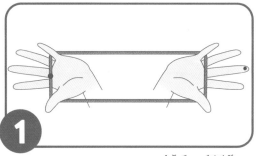

1 はじめに、ひとりが右手の中指で、上から●をねじってとる。

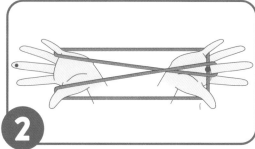

2 左手の中指で、上から●をねじってとる。

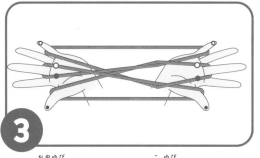

3 親指で●をとり、小指で○をとる。

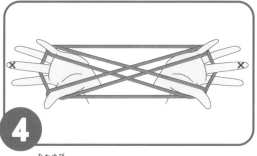

4 中指をはずす。

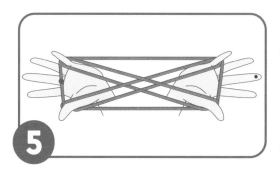

5 田んぼができた！ここから、右手の中指で上から●をねじってとる。おなじようにして❶〜❹をくりかえす。

6 二重田んぼができた！

ここからあいてが116ページの
「ぶんぶくちゃがま」の❻から
とおなじようにとっていける。

ここからあいてが116ページの「ぶんぶくちゃがま」の❻から

🐵 もっとあそぼう！

下の図のように、ほかにもちがう形がつくれるよ。
できたものにチェックをいれよう。ぜんぶできるように
なったら、ここにない形もはつめいしてみて！

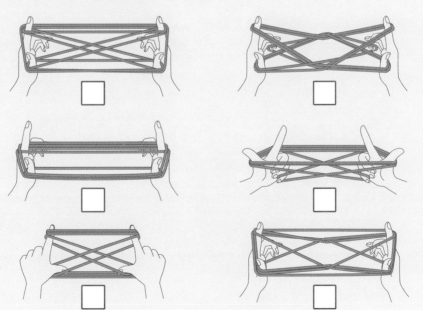

2本ふたりあやとり

はじめよう！ 色ちがいの2本のひもで「ぶんぶくちゃがま」をすると、とてもきれいなもようが見えてくる！

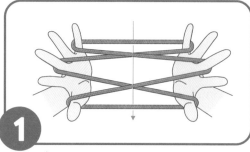

1 色ちがいの、おなじながさのひも2本をつかう。ひとりはきほんの形をつくる。あいてはやじるしのようにひもをとおす。

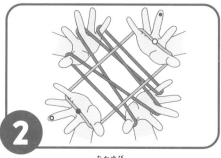

2 あいては中指で●と○をあやにとる。

4 あいてがひもをはずしたところ。ここから115ページの「ぶんぶくちゃがま」をはじめるよ！

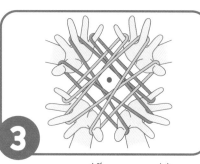

3 ひとりは指をとじ、下から●のところにりょう手をいれて、上にだす。そして、あいてはぜんぶのひもをはずす。

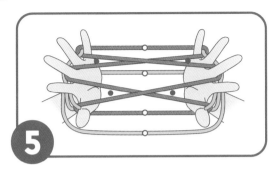

あいてはりょう手の、親指と人さし指を●のなかに上からいれて、こうさしているところをつまんで、よこからひろげながら、下から○の2本をすくうようにとる。

😊 もっとあそぼう！

⑤から「ぶんぶくちゃがま」をすると、下の図のようなきれいな形がつぎつぎにできるよ。できたものにチェックをいれよう。
色のもようは、これだけじゃないよ。みんなできょうりょくして、まだだれも見たことのないあやとりをつくりだしちゃおう！

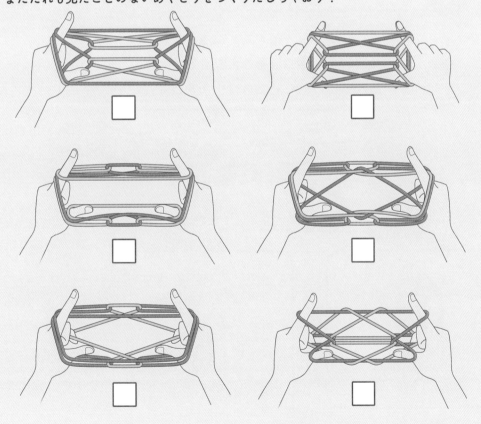

かわとり

はじめよう！

115ページの「ぶんぶくちゃがま」をたがいにとるときに、じぶんのばんでこの「かわとり」をして、あいてをびっくりさせちゃおう！

1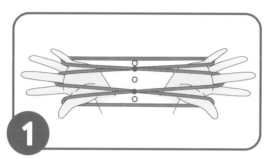

ひとりがつくった「きほんの形」の、○のくうかんに、もうひとりが右手の親指、人さし指、中指をいれ、●をはさんでとる。

2 はさんでいるところ。
はじめにひもをかけていた人は、手をはずす。

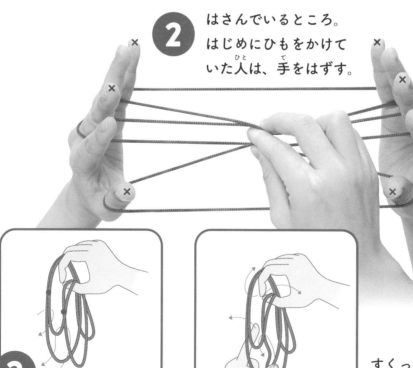

3 左手の親指と人さし指でそとがわから●をすくう。

4 すくっているところ。
左手ですくうとどうじに、右手もやじるしのようにすくう。

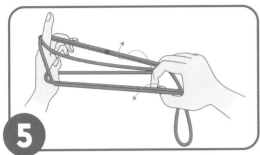

5 左手はすくいおわって、右手を
すくっているところ。右手の人
さし指を上にだして●をすくう。

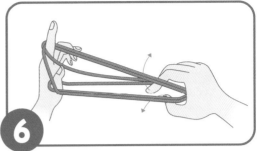

6 下から右手の人さし指と親指で
すくってひろげているところ。

7 川ができた！

片手ですくって川をつくる
2〜**7**のうごきを「かわと
り」というよ。

もっとあそぼう！

この「かわとり」を知ってい
ると、「ぶんぶくちゃがま」
のとちゅうからでも、すぐ川
になる。つぎのページから、
「川→ふね→川」のつくり方
を見てみよう！

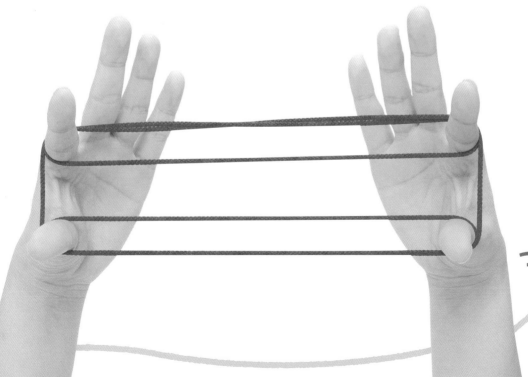

つづく…

8 小指でこうさするようにとる。

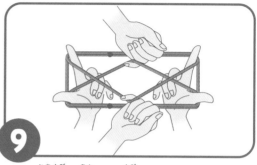

9 親指と人さし指でそとがわから
●をとる。

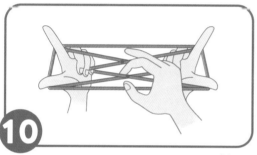
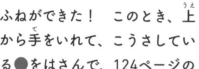

10 ふねができた！　このとき、上
から手をいれて、こうさしてい
る●をはさんで、124ページの
❷からかわとりをすると──

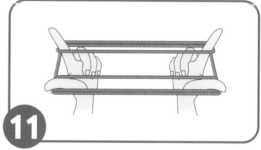

11 また川ができた！

川のほかのつくり方にチャレンジしてみよう！

大きなダイヤモンドから川へ

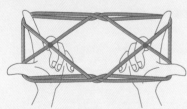

117ページの⓯からはじめる。こうさ
しているところはふたつなので、かん
たん。川になるやり方を、いろいろた
めしてみて！

田んぼから川へ

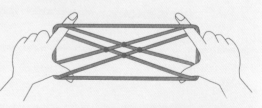

115ページの❺からはじめる。こうさ
しているところは４つになって、むず
かしそう！　どうしたら川になるか、
かんがえてみよう！

あとがき

　1973年4月に日本であやとりだけの本が出版されてから50年にもなりました。折り紙のように図版で説明しづらいこともあって長いあいだ本になりませんでしたが、いまでは写真や動画で見ることができ、ブームになりました。

　その間、日本のあやとりの取材で全国を訪ね、地方出身の方々や子ども会の子どもたちなど多くの方に教えていただきました。海外の友人とのあやとり談義で少しずつ海外の事情もわかり、実演していただいたり文献をさがしたり、何か国にも行って、世界のあやとりが世に出るようになりました。日本独特の遊びと思っている人も多いようですが、世界中の人がその国独自の文化や環境の中から、思いもよらないとり方をしていることがわかりました。おじさんはニュージーランドのマオリの人に教えていただいた「麻で編んだあやとりひも」が宝ものになっています。

　この本は「日本のあやとり」を中心に、輪にしたひもの広がりをめざしています。輪ゴムもその一つ。ただ形を作るだけでなく、こんな遊びもできる!!と、やわらか頭で挑戦してみましょう。最近では、1000種類くらいのあやとりができる小学生の「あやとりサトシ君」が創作あやとりに力をいれていて、頼もしく嬉しく思います。

　あやとりは見立て遊び。想像から創造が生まれます。たった1本〜数本のひもで、いつでも・どこでも・誰でもあらゆるものを表現できる魔法といってもよいでしょう。

　この本を見て、親子、友達で遊べましたか？　みなさんの中から日本と世界を結ぶ新しい創作あやとりが花開くことを願っています。

あやとりおじさん　**有木昭久**

PROFILE

著・有木昭久（ありき てるひさ）

1942年生まれ。日本児童遊戯研究所所長。川崎青葉幼稚園、さぎぬま幼稚園講師。学生時代より「ありんこ子ども会」を主催し、「ありんこ」と呼ばれ親しまれている。日本伝承の遊びを基礎にして、とくに「子どもの遊び（室内、野外）」「あやとり」「手作りおもちゃ」を創作し、研究、実践をしている。主な著書に『わかりやすいあやとり百科』『ひもつきあやとりミニブック』シリーズ全3巻『やってみよう！ むかしのあそび あやとり』（ポプラ社）『親子で遊べる 大人気！あやとりDX』（高橋書店）『脳活性あやとり Kindle版』（ブティック社）『子どもの喜ぶ伝承集団ゲーム集』（黎明書房）『あやとり入門』（保育社）『親子でたのしむストロー工作』（福音館書店）『あやとり』（フレーベル館）他、多数。

監修・奥山 力（おくやま ちから）

1962年生まれ。秋田大学医学部卒業。東北大学医学部小児科学教室入局。国立病院機構仙台医療センター小児科勤務。現在、埼玉県白岡市にて奥山こどもクリニック開業。埼玉県立総合教育センター・教育相談スーパーバイザー、日本スポーツ協会公認スポーツドクター、日本小児精神神経学会認定医、日本小児心身医学会認定医ほか。小児医療の視点をはじめ、教育や運動や遊びなど様々な視点も盛り込みながら、子どもの心や体に関わる多岐にわたるジャンルを子どもと共に楽しむことに重きを置き、専門家や地域の人々と共に子育ての立体的なサポートシステムの構築に力を注いでいる。著書に『小児科医が教える 子どもの脳の成長段階で「そのとき、いちばん大切なこと」』（日本実業出版社）がある。

脳がぐんぐん育つシリーズ

脳がぐんぐん育つ！ あやとり

2024年4月　第1刷　2024年10月　第2刷

著	有木昭久
監修	奥山 力
発行者	加藤裕樹
編集	勝屋 圭　黄 怡華
発行所	株式会社ポプラ社
	〒141-8210　東京都品川区西五反田3-5-8
	JR目黒MARCビル12階
	ホームページ www.poplar.co.jp
印刷・製本	中央精版印刷株式会社
デザイン	細山田光宣・鈴木あづさ
	（細山田デザイン事務所）
図版製作	井林真紀・門司美恵子（チャダル108）
イラスト	藤井 恵　凹工房
撮影	加藤浩介
撮影協力	加藤智尋　富川いず美

©ARIKI TERUHISA 2024

ISBN978-4-591-18048-8
N.D.C.798　127p　26cm　Printed in Japan

P6049001